T0312860

DEDICADO A:

....

DE:

....

FECHA:

....

LA
CLAVE
DE LA
Biblia

Encuentre a Jesús
en cada libro
de la Biblia

O. S. Hawkins

GRUPO NELSON
Una división de Thomas Nelson Publishers
Desde 1798

CONTENTS

Introducción *1*

1. Encontrar a Jesús en Génesis: Es el carnero en el altar de Abraham 5

2. Encontrar a Jesús en Éxodo: Es nuestro Cordero de Pascua . . 11

3. Encontrar a Jesús en Levítico: Es nuestro aroma grato. . . . 15

4. Encontrar a Jesús en Números: Es la serpiente de bronce en el asta de Moisés. 19

5. Encontrar a Jesús en Deuteronomio: Es el maná en el desierto 23

6. Encontrar a Jesús en Josué: Es la cuerda de color escarlata afuera de la ventana de Rahab 27

7. Encontrar a Jesús en Jueces: Es nuestro Juez fiel 31

8. Encontrar a Jesús en Rut: Es nuestro pariente redentor . . . 35

9. Encontrar a Jesús en Primera y Segunda Samuel: Es nuestro fiel profeta. 39

10. Encontrar a Jesús en Reyes y Crónicas: Es el fuego que desciende del cielo. 44

11. Encontrar a Jesús en Esdras: Es nuestro fiel escriba 48

12. Encontrar a Jesús en Nehemías: Es el restaurador de los muros rotos 52

13. Encontrar a Jesús en Ester: Es nuestro Mardoqueo. 57

14. Encontrar a Jesús en Job: Es nuestro Redentor que vive por siempre 61

15. Encontrar a Jesús en Salmos: Es nuestro pastor. 65
16. Encontrar a Jesús en Proverbios y Eclesiastés:
    Es nuestra sabiduría 69
17. Encontrar a Jesús en Cantar de los Cantares: Es nuestro
    esposo 74
18. Encontrar a Jesús en Isaías: Es el siervo afligido 78
19. Encontrar a Jesús en Jeremías y Lamentaciones:
    Es nuestro profeta que llora. 82
20. Encontrar a Jesús en Ezequiel: Es nuestra gloria 85
21. Encontrar a Jesús en Daniel: Es el cuarto varón en
    el horno de fuego. 89
22. Encontrar a Jesús en Oseas: Es el rocío para su pueblo. . . . 93
23. Encontrar a Jesús en Joel: Es aquel que nos bautiza
    con el Espíritu Santo. 97
24. Encontrar a Jesús en Amós: Es nuestra plomada de
    albañil. 100
25. Encontrar a Jesús en Abdías: Es nuestro legado. 104
26. Encontrar a Jesús en Jonás: Es el Dios de la segunda
    oportunidad. 108
27. Encontrar a Jesús en Miqueas: Es nuestra paz 112
28. Encontrar a Jesús en Nahúm: Es nuestra fortaleza en el
    día de la angustia. 115
29. Encontrar a Jesús en Habacuc: Es la personificación de
    nuestra esperanza 119
30. Encontrar a Jesús en Sofonías: Es el Señor, poderoso
    Salvador 123

31. Encontrar a Jesús en Hageo: Es el restaurador de nuestra herencia perdida 127

32. Encontrar a Jesús en Zacarías: Es el Rey venidero. 130

33. Encontrar a Jesús en Malaquías: Es el Sol de Justicia con sanidad en sus alas 134

34. Encontrar a Jesús en Mateo: Es el Cristo, el Hijo del Dios viviente 138

35. Encontrar a Jesús en Marcos: Es el Dios del segundo toque 142

36. Encontrar a Jesús en Lucas: Es la tercera persona en el camino a Emaús 145

37. Encontrar a Jesús en Juan: Es la resurrección y la vida. . . 149

38. Encontrar a Jesús en Hechos: Es el resplandor de luz en el camino a Damasco 153

39. Encontrar a Jesús en Romanos: Es quien nos justifica . . . 157

40. Encontrar a Jesús en Primera Corintios: Es el pan y el vino. 161

41. Encontrar a Jesús en Segunda Corintios: Es la autoridad suprema 165

42. Encontrar a Jesús en Gálatas: Es aquel que vive en mí . . . 169

43. Encontrar a Jesús en Efesios: Es nuestra inescrutable riqueza 172

44. Encontrar a Jesús en Filipenses: Es nuestro premio 176

45. Encontrar a Jesús en Colosenses: Es el Dios Creador 180

46. Encontrar a Jesús en Primera y Segunda Tesalonicenses: Es nuestro Rey que viene pronto 184

47. Encontrar a Jesús en Primera y Segunda Timoteo: Es el mediador entre Dios y el hombre 188

48. Encontrar a Jesús en Tito: Es nuestra esperanza bienaventurada 192

49. Encontrar a Jesús en Filemón: Es nuestro amigo más unido que un hermano. 196

50. Encontrar a Jesús en Hebreos: Es la palabra final 200

51. Encontrar a Jesús en Santiago: Es el Señor que sana al enfermo 205

52. Encontrar a Jesús en Primera y Segunda Pedro: Es el Príncipe de los pastores. 209

53. Encontrar a Jesús en Primera, Segunda y Tercera Juan: Es amor. 213

54. Encontrar a Jesús en Judas: Es aquel que nos guarda sin caída 217

55. Encontrar a Jesús en Apocalipsis: Es el Alfa y la Omega. . .221

Epílogo. *225*
Mission:Dignity *228*
Acerca del autor *229*

INTRODUCCIÓN

La cruz es la bisagra sobre la cual gira la puerta de toda la historia de la humanidad. Su impacto inmediato en los seguidores de Jesús fue de total desesperación, derrota, e incluso duda. Las Escrituras, deliberadamente, declaran que «todos los discípulos, dejándole, huyeron» (Mateo 26:56). Dos de esos discípulos abatidos se lamentaban camino a Emaús: «Pero nosotros esperábamos que él era el que había de redimir a Israel» (Lucas 24:21). Sin embargo, dejaron esa esperanza enterrada en la tumba de José de Arimatea, a las afueras de las murallas de la ciudad de Jerusalén. Mientras se encontraban en las profundidades del desánimo, esas palabras escaparon de sus labios justo cuando notaron que alguien iba con ellos en el camino. ¡Era el Señor! Estaba vivo. «Y comenzando desde Moisés, y siguiendo por todos los profetas, les declaraba en todas las Escrituras lo que de él decían» (Lucas 24:27).

Jesús declaró desde el principio de la Biblia, en los primeros cinco libros de Moisés, y «en todas las Escrituras» que él estaba allí en cada página. Fue aquel carnero en el altar de Abraham en Génesis. Fue el cordero de Pascua en Éxodo. Fue la nube de día y la columna de fuego por la noche que guio a los israelitas en el libro de Números. Fue el cuarto varón en el horno de fuego ardiente en Daniel. Estuvo allí en cada libro de la Biblia, a veces como figura, a veces como sombra, a veces como profecía. Jesús, esta cuerda escarlata de redención, puede encontrarse entretejido a través de cada libro de las Sagradas Escrituras. Cerca del comienzo de su ministerio público, desafió a sus seguidores: «Escudriñad las Escrituras; porque a vosotros os parece que en ellas tenéis la vida eterna; y ellas son las que dan testimonio de mí» (Juan 5:39). Continuó diciendo: «Porque si creyeseis a Moisés, me creeríais a mí, porque de mí escribió él» (Juan 5:46).

> Jesús puede encontrarse entretejido a través de cada libro de las Sagradas Escrituras.

Quizás nunca haya pensado en el hecho de que podemos encontrar a Jesús en cada libro de la Biblia. No solo hemos de hallarlo en los cuatro Evangelios del Nuevo Testamento, ya que está presente desde Génesis 1:1 hasta Apocalipsis 22:21. La Biblia es el libro de Jesús. El Antiguo Testamento lo oculta en forma de figura y sombra. El Nuevo Testamento lo revela en toda su gloria manifiesta. La Biblia es como una flor. El Antiguo Testamento es el capullo. El Nuevo Testamento es el florecimiento.

El Antiguo Testamento es un libro de sombras que representan imágenes progresivas de nuestro Redentor venidero. El apóstol Pablo habló al respecto diciendo que «es sombra de lo que ha de venir» (Colosenses 2:17). Se necesitan dos elementos para que aparezca una sombra: una luz y una imagen. Detrás de las palabras de las Escrituras, hay una gran luz que brilla sobre la imagen de Cristo, la cual proyecta su sombra a través de sus páginas. La claridad de cualquier sombra depende del ángulo con el cual la luz incide en el cuerpo. Puedo pararme a la luz del sol temprano en la mañana, cuando todavía está en ascenso, y mi sombra se verá completamente desproporcionada. Esta se estira a lo largo de la calle y sobre los edificios detrás de mí. No obstante, a medida que el sol sigue elevándose, mi sombra se vuelve más corta y más reveladora. A media mañana, cuando está en un ángulo de cuarenta y cinco grados, mi sombra proyecta una figura perfecta de mi cuerpo. Si continúo parado en el lugar, y el sol alcanza su cenit al mediodía, la sombra desaparece y solo puede verse mi figura.

Y así ocurre con la revelación de Cristo en la Biblia. Cuando el sol de la revelación comienza a brillar en los primeros capítulos de Génesis, la sombra es tenue y un poco borrosa. A medida que se desarrollan los capítulos y aparece más luz, Cristo se manifiesta con mayor claridad. Para cuando llegamos a Isaías, capítulo 53, aparece la sombra perfecta de aquel que sería «golpeado por Dios, y humillado [...] traspasado por nuestras rebeliones [...] molido por nuestras iniquidades [...] [y] como cordero [...] llevado al matadero» (vv. 4-5, 7, NVI). Cuando damos vuelta la página, de Malaquías 4:6 a Mateo 1:1, es pleno mediodía en el reloj de Dios, las sombras desaparecen, ¡y vemos a Jesús! No hay más sombras de él. No hay más figuras. No hay más profecías. Solo Jesús.

La clave de la Biblia está diseñado para transportarnos en un viaje a fin de hallar a Jesús en cada libro de la Biblia. Y, al hallarle, encontraremos vida… no solo eterna allí en el cielo, sino también abundante aquí en la tierra. ¿Y cuál es la conclusión? Toda la Biblia, y toda la vida en realidad, se trata de Jesús, «el autor y consumador de la fe» (Hebreos 12:2). Demos vuelta la página y comencemos la gran aventura de encontrar a Jesús en Génesis, el primer libro de la Biblia.

1 ENCONTRAR A JESÚS EN GÉNESIS

Es el carnero en el altar de Abraham

Y dijo [Dios]: Toma ahora tu hijo, tu único, Isaac, a quien amas, y vete a tierra de Moriah, y ofrécelo allí en holocausto sobre uno de los montes que yo te diré […] Y [el ángel de Jehová] dijo: No extiendas tu mano sobre el muchacho, ni le hagas nada; porque ya conozco que temes a Dios, por cuanto no me rehusaste tu hijo, tu único.

Entonces alzó Abraham sus ojos y miró, y he aquí a sus espaldas un carnero trabado en un zarzal por sus cuernos; y fue Abraham y tomó el carnero, y lo ofreció en holocausto en lugar de su hijo.

—GÉNESIS 22:2, 12-13

Todo aquel que haya observado un cuadro de la ciudad santa de Jerusalén es muy probable que haya visto la mezquita de Omar con su cúpula dorada, más comúnmente conocida como la Cúpula de la Roca, monumento ubicado en el centro de atención y resplandeciente con el sol brillante del Medio Oriente sobre la cima del monte Moriá. Se encontraba en el mismo lugar, o muy cerca, de donde se situaba, en todo su esplendor, el templo de Salomón. Los inmensos cimientos del templo, moldeados y luego trasladados hasta la cumbre, constituyen una maravilla arquitectónica hasta el día de hoy. Los materiales de construcción del templo consistían en dos mil toneladas de oro y siete mil quinientas libras de plata.

Allí, los judíos de alrededor del mundo realizarían su peregrinaje para el sacrificio anual durante sus días sagrados.

Sin embargo, siglos antes de que una mezquita musulmana o un templo judío se situaran en aquel lugar, un hombre solitario, acompañado por su único hijo, escalaron la cima de esa misma montaña y edificaron un simple altar de sacrificio. Dios le había asegurado a Abraham que él era el escogido para ser el padre de una nación grande, una nación cuya descendencia sería tan numerosa como las estrellas del cielo. Pero había un pequeño problema. Ya era un hombre anciano, y su esposa, Sara, estaba más allá de los años fértiles. Y como si eso no fuera suficientemente problemático, también era estéril, incapaz de dar a luz durante toda su vida. Luego, tuvo lugar un nacimiento milagroso, no uno virginal, pero un milagro de todas formas. Isaac, a través de quien el mundo sería bendecido por la aparición posterior del Mesías, nació de Abraham y Sara.

A los tiempos de bendición en la vida a menudo le siguen tiempos de prueba. Y así fue para Abraham. Isaac, el único hijo de Abraham y Sara, era el heredero que cumpliría la promesa que Dios le había hecho a Abraham. Sin embargo, ahora Dios le instruía al padre que sacrificara a su hijo como una prueba de su confianza. Quería saber si la fe de Abraham estaba en la promesa de Dios, no en su hijo, Isaac. Los tiempos no han cambiado demasiado a lo largo de los siglos. Muchos de nosotros, que hemos sido tan ricamente bendecidos por Dios, podemos sentirnos tentados a transferir nuestra confianza de aquel que nos bendice a las bendiciones que tenemos y protegemos.

La respuesta de Abraham a este desafío en apariencia imposible fue de fe, obediencia y confianza en su Dios. No hubo duda, ni rebeldía, ni postergación. Solo le tomó la palabra a Dios; el escritor de Hebreos del Nuevo Testamento lo expresó así: «Por la fe Abraham, siendo llamado, obedeció […] Por lo cual también, de uno, y ése ya casi muerto, salieron como las estrellas del cielo en multitud, y como la arena innumerable que está a la orilla del mar […] Por la fe Abraham, cuando fue probado, ofreció a Isaac; y el que había recibido las promesas ofrecía su unigénito» (Hebreos 11:8, 12, 17).

Esta caminata de padre e hijo hacia el monte Moriá se encuentra repleta de una imagen tras otra de un recorrido que sería emprendido dos mil años más tarde en la misma montaña por nuestro Padre celestial acompañado por su Hijo unigénito y nuestro Salvador, el Señor Jesucristo. Al llegar al pie del monte del sacrificio, Abraham les instruyó a sus siervos que lo esperaran allí, diciendo: «Yo y el muchacho iremos hasta allí y adoraremos, y volveremos a vosotros» (Génesis 22:5). Lo que estaba a punto de suceder en aquella cima era un asunto entre padre e hijo. Eso mismo ocurriría en el monte Calvario (la extensión hacia el norte del monte Moriá). Durante esas tres horas de oscuridad mientras Jesús permanecía en la cruz, Dios el Padre y Dios el Hijo hicieron

> A los tiempos de bendición en la vida a menudo le siguen tiempos de prueba.

negocios en privado. La agonía de esas horas fue indescriptible. Mientras tenía lugar el sacrificio final por los pecados del mundo, Dios cerró la puerta a todos los ojos humanos y encendió las luces del cielo. Durante tres horas, la transacción eterna por su pecado y el mío se llevó a cabo solo entre el Padre y el Hijo.

Mire atentamente a Abraham. Él «tomó la leña del holocausto y la puso sobre Isaac, su hijo» (Génesis 22:6, NVI) mientras iban camino hacia la montaña. Este es un presagio, una prefiguración del lado divino del Calvario. Muchos de nuestros pensamientos concernientes a la cruz son desde el lado humano, lo que significa para nosotros. Pero piense en el lado divino. Mire el corazón del Padre cuando colocaba la cruz de madera sobre la espalda herida y ensangrentada de su propio Hijo y veía cómo la cargaba camino al Gólgota, el lugar de ejecución.

Mientras caminaban juntos, Isaac, cargando la leña para el sacrificio sobre su espalda, le preguntó a su padre: «¿Dónde está el cordero para el holocausto?» (Génesis 22:7). Con rapidez, Abraham respondió: «Dios se proveerá de cordero para el holocausto, hijo mío. E iban juntos» (Génesis 22:8). ¡Es verdad! Dios mismo proveerá el cordero. De hecho, Dios mismo *será* el Cordero, el sacrificio por nuestros pecados. Fue a raíz de este mismo acontecimiento y de estas mismas palabras que Jesús les dijo a los judíos: «Abraham vuestro padre se gozó de que había de ver mi día; y lo vio, y se gozó» (Juan 8:56).

Al llegar a la cima de Moriá, Abraham cuidadosamente edificó un altar; acomodó allí la leña para el holocausto, ató a su hijo, Isaac; y lo puso sobre el altar. Luego «extendió Abraham su mano y tomó el cuchillo para degollar a su hijo» (Génesis 22:10). De inmediato, el ángel de Jehová (Cristo mismo preencarnado) le dio voces desde el cielo: «No extiendas tu mano sobre el muchacho, ni le hagas nada; porque ya conozco que temes a Dios, por cuanto no me rehusaste tu hijo, tu único. Entonces alzó Abraham sus ojos y miró, y he aquí a sus espaldas un carnero trabado en un zarzal por sus cuernos; y fue Abraham y tomó el carnero, y lo ofreció [...] en lugar de su hijo» (Génesis 22:12-13).

Nuestra imaginación solo puede preguntarse qué debió haber estado pasando por la mente de Abraham aquel día. Cincuenta años antes, Dios le había prometido que tendría un hijo. Pasaron treinta años, y Dios le recordó la promesa. Sería necesario un milagro. Pero Abraham creyó. Más tarde, Pablo diría: «Creyó Abraham a Dios, y le fue contado por justicia» (Romanos 4.3). Dios cumplió su palabra. E Isaac nació y creció.

> El ángel de Jehová [...] le dio voces desde el cielo: «No extiendas tu mano sobre el muchacho, ni le hagas nada».

Luego, Dios prueba a Abraham, y cuando mantuvo la fe, Dios proveyó un sacrificio sustitutivo, un carnero. Ese carnero es una figura hermosa de nuestro Señor Jesús. Usted y yo merecemos la muerte, pero Jesús se proveyó como el cordero. Se apresuró hacia el Calvario y tomó nuestro lugar, llevó nuestro pecado y sufrió nuestra muerte, a fin de que pudiéramos gozar su vida. Tomó nuestro pecado, para que pudiéramos tomar su justicia. ¡Él es nuestro sacrificio sustitutivo y suficiente Salvador!

«Y llamó Abraham el nombre de aquel lugar, Jehová proveerá. Por tanto, se dice hoy: En el monte de Jehová será provisto» (Génesis 22:14). Si hay alguna duda de que Abraham entendiera lo que estaba aconteciendo aquel día, Jesús lo dejó claro dos milenios más tarde. Cuando recorría esas mismas calles polvorientas, dijo: «Abraham vuestro padre se gozó de que había de ver mi día; y lo vio, y se gozó» (Juan 8:56).

Usted y yo tenemos a un Dios que proveerá, y que de hecho se entregó a sí mismo como nuestro propio sacrificio sustitutivo. No es de extrañar que cuando Jesús salió del anonimato de la carpintería para aparecer en el valle del Jordán, Juan el Bautista señalara en su dirección y exclamara: «He aquí el Cordero de Dios, que quita el pecado del mundo» (Juan 1:29). En verdad, podemos encontrar a Jesús en cada libro de la Biblia, a veces en figura, a veces en sombra y otras veces en profecía. ¿Y aquí en Génesis? Él es ese carnero en el altar de Abraham, nuestro propio sacrificio sustitutivo.

2 ENCONTRAR A JESÚS EN ÉXODO

Es nuestro Cordero de Pascua

Tómese cada uno un cordero [...] sin defecto [...] y lo inmolará toda la congregación del pueblo de Israel entre las dos tardes. Y tomarán de la sangre, y la pondrán en los dos postes y en el dintel de las casas [...] Y la sangre os será por señal [...] y veré la sangre y pasaré de vosotros, y no habrá en vosotros plaga de mortandad cuando hiera la tierra de Egipto.

—ÉXODO 12:3, 5-7, 13

Durante tres milenios y medio, una de las fechas más importantes del calendario para nuestros amigos judíos es la noche de cada año cuando celebran la Pascua judía, festividad en la que se conmemora su liberación de la esclavitud en Egipto. Por cuatro siglos, fueron esclavos de faraón y de Egipto. Luego Moisés regresó del exilio para convertirse en su emancipador, y Dios envió sobre Egipto una serie de plagas. La última fue la más devastadora: la muerte de todos los primogénitos de la nación. Para salvarse de dicha plaga, se les instruyó a los judíos que tomaran un cordero joven —perfecto y sin defecto—, lo sacrificaran y esparcieran su sangre sobre los dinteles y postes de las puertas de sus casas, a fin de que en esa fatídica noche cuando Jehová viniera, «[vería] la sangre» y «[pasaría] de vosotros». Cada casa donde la sangre fuera aplicada estaría a salvo de la muerte de su primogénito. Eran salvos por la sangre del cordero inmolado.

Ese pequeño cordero constituye una imagen perfecta de nuestro Libertador venidero, el Señor Jesucristo. Así como Cristo estaba en la plenitud de su vida cuando fue a la cruz, el cordero tenía que ser un macho de un año. De la misma manera en que Cristo era perfecto y sin pecado, el cordero tenía que ser «sin defecto». Con razón cuando Simón Pedro habló sobre el sacrificio de Cristo declaró que fuimos salvados por «la sangre preciosa de Cristo, como de un cordero sin mancha y sin contaminación» (1 Pedro 1:19). En Éxodo, se ofrece la descripción minuciosa del sacrificio de este cordero de la Pascua, incluso las instrucciones específicas de que ninguno de sus huesos debía ser quebrado (Éxodo 12:46). No es de extrañar entonces que cuando los soldados se acercaron a la cruz, la Biblia registre: «Mas cuando llegaron a Jesús, como le vieron ya muerto, no le quebraron las piernas [...] Porque estas cosas sucedieron para que se cumpliese la Escritura: No será quebrado hueso suyo» (Juan 19:33, 36).

> Eran salvos por la sangre del cordero inmolado.

Los israelitas fueron salvos aquella noche llena de muerte porque por fe aplicaron la sangre del cordero sobre los postes de las puertas de sus casas. Qué imagen tan conmovedora y profética para aquellos de nosotros que vivimos en esta dispensación. La Biblia dice: «El alma que pecare, esa morirá» (Ezequiel 18:20). La única forma en que podemos salvarnos del juicio es al aplicar la sangre de nuestro Cordero del sacrificio, el Señor Jesucristo, sobre los postes de nuestro corazón por medio de la fe en él.

A lo largo de los años, mi esposa, Susie, y yo hemos desarrollado amistades de manera intencional con personas judías desde Los Ángeles hasta Dallas, Nueva York y Jerusalén. Muchas noches de Pascua nos hemos sentado con ellos para compartir la cena del *Séder*. La mesa del comedor siempre está hermosamente arreglada con todos los elementos para recordar la liberación de la esclavitud de sus antepasados. Están el hueso de la pata de cordero, las hierbas amargas, el agua salada y todos los demás elementos que ofrecen una expresión visual de su viaje, mientras transmiten su antigua tradición de generación a generación. Desde hace más de tres mil quinientos años, el más pequeño de la familia se sienta a la mesa y le hace al padre cuatro preguntas: ¿Por qué esta noche es diferente a las demás, y comemos solo pan sin levadura? ¿Por qué otras noches comemos toda clase de hierbas, pero esta noche solo comemos hierbas amargas? ¿Por qué todas las noches no necesitamos remojar nuestras verduras ni siquiera una vez, pero esta noche lo hacemos dos veces? ¿Por qué esta noche nos reclinamos en nuestras sillas a la mesa? Entonces el padre procede a leer de la antigua Hagadá, el libro de la Pascua, donde se explica que el pan sin levadura les recuerda la prisa con la cual tuvieron que salir de Egipto; las hierbas amargas recuerdan la amargura de la servidumbre y de la esclavitud; el remojo del perejil en el agua salada representa la liberación a través del mar Rojo y cómo el ejército egipcio se ahogó en su persecución. Y, por último, reclinarse a la mesa expresa su libertad en la que ya no son más esclavos.

Mil quinientos años después de esa primera Pascua, Jesús reunió a sus discípulos en un aposento alto en el monte de Sion, en Jerusalén, para conmemorar la Pascua con aquellos más cercanos y queridos por él. Sabía, cuando compartió el pan y levantó la copa, que en unas horas más su propio cuerpo sería partido por nosotros y su propia sangre derramada para abrir nuestro camino al cielo. La aplicación de la sangre sobre los postes de esas casas israelitas significaba dos cosas: la libertad de la esclavitud y la liberación de la muerte. Aplicar la sangre de Cristo en nuestras vidas significa las mismas dos cosas: la libertad de la esclavitud del pecado, que tiene su manera de atarnos y esclavizarnos, y la liberación de la muerte espiritual. Con razón Pablo dijo: «Porque la paga del pecado es muerte, mas la dádiva de Dios es vida eterna en Cristo Jesús Señor nuestro» (Romanos 6:23).

El Señor debió haber tenido en mente este cordero de Pascua cuando enfrentó a los escépticos líderes religiosos después de haber sanado a un hombre en el estanque de Betesda. Pues dijo: «Escudriñad las Escrituras; porque a vosotros os parece que en ellas tenéis la vida eterna; y ellas son las que dan testimonio de mí» (Juan 5:39). Cuando observamos con atención, podemos encontrar a Jesús en cada libro de la Biblia, y en ninguna parte se le presenta mejor que en el libro de Éxodo. Pues aquí encontramos a Jesús, nuestro propio Cordero de Pascua.

3 ENCONTRAR A JESÚS EN LEVÍTICO

Es nuestro aroma grato

Y el sacerdote lo quemará todo en el altar. Es un holocausto, una ofrenda presentada por fuego de aroma grato al Señor.

—LEVÍTICO 1:9, NVI

Levítico… uno de esos libros del Antiguo Testamento que tendemos a echarle un vistazo muy por encima cuando leemos la Biblia. Puede parecernos monótono con sus minucias detalladas de todos los elementos que formaban parte del sistema de sacrificios de los holocaustos en el culto judío. No obstante, desprendiéndose de estas páginas encontramos el aroma grato de Cristo. Levítico nos proporciona una prefigura más vívida de la obra de expiación de Cristo y es la ofrenda fundamental en la Torá para comprender su sacrificio por nosotros.

Los muchos miles de animales sacrificados en el Antiguo Testamento nunca quitaron ni siquiera un pecado. El escritor de Hebreos es muy claro al respecto: «Porque la sangre de los toros y de los machos cabríos no puede quitar los pecados» (10:4). Estos servían simplemente para cubrir los pecados hasta que Cristo viniera, el sacrificio perfecto, y quitara todos los pecados del mundo. Ilustramos esta verdad cada vez que usamos una tarjeta de crédito para realizar una compra.

Cuando se procesa nuestra tarjeta en la caja, es una promesa de pago que se ejecutará en el momento en que la factura de la compañía de la tarjeta de crédito llegue a nuestro buzón o domicilio. La tarjeta sirve para cubrir la compra hasta que se efectúe el pago final. Así eran todos los sacrificios del Antiguo Testamento. Cubrían los pecados hasta realizarse el pago final que quitaría *todos* los pecados en un monte llamado Gólgota, afuera de las murallas de Jerusalén.

De cada uno de estos sacrificios ascendía un aroma que era agradable a Dios (Levítico 1:9). El salmista pudo entrever más allá de estas sombras cuando el Cristo preencarnado habló a través de él, diciendo: «Sacrificio y ofrenda no te agrada; has abierto mis oídos; holocausto y expiación no has demandado. Entonces dije: He aquí, vengo; en el rollo del libro está escrito de mí; el hacer tu voluntad, Dios mío, me ha agradado, y tu ley está en medio de mi corazón» (Salmos 40:6-8). Jesús vino a hacer la voluntad del Padre, y esa obediencia lo condujo a su propio lugar de ejecución donde se convirtió en el sacrificio final por el pecado. Siglo tras siglo, los judíos atravesaron el mundo conocido para realizar su peregrinaje anual a Jerusalén, a fin de ofrecer sus sacrificios sobre el altar del templo. La razón por la cual este ritual ha desaparecido durante los últimos dos mil años no es un secreto. No ha habido ningún sacrificio judío de animal en el monte Moriá, en Jerusalén, durante todo este tiempo porque, hace dos mil años, todas las profecías con respecto a esos sacrificios se cumplieron en Cristo cuando se convirtió en el último sacrificio completo por los pecados del mundo. Y, como cereza del postre, Pablo dijo acerca de Cristo que él «nos amó, y se entregó a sí mismo por nosotros, ofrenda y sacrificio a Dios en olor fragante» (Efesios 5:2).

Sin embargo, este olor fragante no termina con Cristo. Hoy, los que hemos puesto nuestra confianza en él y conocemos el perdón de pecados somos «grato olor de Cristo en los que se salvan […] olor de vida para vida» (2 Corintios 2:15-16). Piense en esto: usted es olor fragante a Dios y una bendición para otros.

Determinados aromas tienen un mensaje propio. El césped recién cortado, el aceite bronceador y las hamburguesas asadas a la parrilla hablan del calor del verano. El aroma a canela, los árboles de hoja perenne y las galletas horneadas nos traen a la memoria la Navidad. Y la fragancia de Cristo, que transmite un creyente enamorado de él, hace ascender un aroma grato de adoración que es agradable a Dios. Pablo hizo alusión a esta misma verdad cuando les escribió a los filipenses: «Pero todo lo he recibido, y tengo abundancia; estoy lleno, habiendo recibido de Epafrodito lo que enviasteis; olor fragante, sacrificio acepto, agradable a Dios» (Filipenses 4:18). Sin lugar a duda, usted es la fragancia de Cristo.

Este es nuestro llamado como creyentes, transmitirle al mundo la fragancia de Cristo cuando otros están en nuestra presencia. Fue con este propósito que Pablo amonestó a los efesios, y a nosotros, diciendo: «Sed, pues, imitadores de Dios como hijos amados. Y andad en amor, como también Cristo nos amó, y se entregó a sí mismo por nosotros, ofrenda y sacrificio a Dios en olor fragante» (Efesios 5:1-2). Al continuar a través de la Biblia en nuestro viaje para encontrar a Jesús en cada libro, deténgase aquí en Levítico por un momento y respire profundamente. La pregunta no es «¿puede verlo?», sino «¿puede olerlo? ¡El olor fragante de Cristo!».

«Y el sacerdote lo quemará todo en el altar. Es un holocausto, una ofrenda presentada por fuego de aroma grato al SEÑOR» (Levítico 1:9, NVI). Jesús está en cada libro de la Biblia.

4 ENCONTRAR A JESÚS EN NÚMEROS

Es la serpiente de bronce en el asta de Moisés

Y el Señor le dijo:

—Hazte una serpiente, y ponla en un asta. Todos los que sean mordidos y la miren vivirán.

Moisés hizo una serpiente de bronce y la puso en un asta. Los que eran mordidos miraban a la serpiente de bronce y vivían.

—NÚMEROS 21:8-9, NVI

Si alguna vez memorizamos un versículo de la Escritura, es muy probable que haya sido Juan 3:16: «Porque de tal manera amó Dios al mundo, que ha dado a su Hijo unigénito, para que todo aquel que en él cree, no se pierda, mas tenga vida eterna». Es el que se oye con mayor frecuencia de un pequeño niño que con su voz simple y bella recita con orgullo su primer versículo de memoria. Este es el versículo sobre el que hablaron muchos santos mientras exhalaban su último aliento y susurraban estas palabras con sus labios moribundos. También aparece en la Escritura, inmediatamente después de las palabras de Jesús: «Y como Moisés levantó la serpiente en el desierto, así es necesario que el Hijo del Hombre sea levantado, para que todo aquel que en él cree, no se pierda, mas tenga vida eterna» (Juan 3:14-15).

Una de las claves para comprender la Biblia es entender que Jesús está en cada uno de sus libros. Puede aparecer en sombra, en profecía o, como en Números, en figura. Números 21 presenta una de las figuras más bellas, o imágenes, de nuestro Señor en la cruz que podemos encontrar en toda la Biblia. Su propia referencia a esta experiencia durante la peregrinación en el desierto añade credibilidad al mensaje del evangelio. Los hijos de Israel, tras haber salido a salvo al otro lado del mar Rojo, atravesaron un período de cuarenta años de andar errantes por el desierto. Dios los guiaba con una nube de día y una columna de fuego de noche (Éxodo 13.21). Y gracias a la provisión de Dios, eran alimentados cada día con una sustancia parecida al pan llamada «maná» que los sostenía y nutría a lo largo del camino (Éxodo 16:4). Sin embargo, esto no les bastaba, y comenzaron a quejarse y a murmurar de Moisés. No les gustaba cómo eran guiados ni la manera en que eran alimentados.

Dios es santo, y la misma Biblia que dice que es un Dios de amor revela también que es un Dios de justicia que juzga la rebelión de su pueblo. «Y Jehová envió entre el pueblo serpientes ardientes, que mordían al pueblo; y murió mucho pueblo de Israel» (Números 21:6). Estas mordidas eran «ardientes» y dolorosas. El veneno convertía cada nervio de sus víctimas en una fiebre ardiente. Y las mordidas eran fatales. Muchos morían de inmediato. Inmersos en el pánico y en el temor, el pueblo admitió su pecado y recurrió a Moisés para que le rogara a Dios que quitase las serpientes.

El remedio de Dios fue hacer una serpiente de bronce y ponerla en un asta, y luego prometió: «cualquiera que fuere mordido y mirare a ella, vivirá» (Números 21:8). Dios no erradicó las serpientes más de lo que erradica el pecado en nuestras vidas. Hizo algo mucho más increíble y suficiente: puso a su propio Hijo en una cruz. ¿Por qué una serpiente de bronce? La serpiente es figura del pecado en la Biblia. Cuando Cristo murió en la cruz, llevó todos los pecados del mundo en su propio cuerpo. El bronce es un símbolo de juicio. En Apocalipsis se nos revela a Jesús con pies semejantes al bronce, avanzando en juicio (1.15). Aquí encontramos una imagen hermosa del juicio de Dios contra el pecado del hombre: Cristo en la cruz. No es de extrañar que Jesús dijera: «Y como Moisés levantó la serpiente en el desierto, así es necesario que el Hijo del Hombre sea levantado» (Juan 3:14).

El remedio de Dios para nosotros es absoluto. Moisés no dijo: «Aquí hay una forma. Pero si no quieren mirar la serpiente sobre el asta, entonces prueben con algún linimento o ungüento». ¡No! Solo había un remedio para los pecados de los israelitas y solo un remedio para nosotros: «Mire y viva». Este remedio nunca falló. Todo aquel que miraba era sanado. El remedio de Dios era sencillo. Mire y viva. No tenían que trabajar para obtener la cura, pagar por ella o ganársela por medio de sus buenas obras. No necesitaban ser eruditos, ni cultos, ni experimentados. La cura era tan sencilla que hasta un niño pequeño podía recibirla. Solo mire… ¡y viva! Y una cosa más, tenían que mirar por sí mismos. Nadie podía mirar en lugar de otra persona. No encontraremos una imagen más clara de la salvación en toda la Biblia que en esta hermosa imagen de Cristo en el libro de Números, una serpiente de bronce sobre un asta.

Jesús aún dice: «Míreme y viva». Cualquiera puede mirar. Usted puede mirar. Yo puedo mirar. No necesita tener una posición social o poder político para mirar. No se requiere un pedigrí educativo. Tampoco demanda excelencia moral. El pecador más vil puede mirar a Jesús y vivir. Mirar a Jesús en fe parece tan sencillo y, sin embargo, es todo lo que Dios requiere. Jesús aparece en el libro de Números para recordarnos su sacrificio en la cruz por usted y por mí. De la misma manera en que Moisés levantó la serpiente en el desierto, así también el Hijo de Dios, nuestro Salvador, el Señor Jesucristo fue levantado en una cruz romana. Y la buena noticia es que todo aquel que le mire vivirá… y vivirá para siempre.

> Solo había un remedio para los pecados de los israelitas y solo un remedio para nosotros: «Mire y viva».

5   ENCONTRAR A JESÚS EN DEUTERONOMIO

Es el maná en el desierto

Y te acordarás de todo el camino por donde te ha traído Jehová tu Dios estos cuarenta años en el desierto, para afligirte, para probarte, para saber lo que había en tu corazón, si habías de guardar o no sus mandamientos. Y te afligió, y te hizo tener hambre, y te sustentó con maná, [...] para hacerte saber que no sólo de pan vivirá el hombre, mas de todo lo que sale de la boca de Jehová.

—DEUTERONOMIO 8:2-3

*C*uatro de los primeros cinco libros de la Biblia, los libros de Moisés, tienen que ver con Israel y los cuarenta años en el desierto. Pablo relató que «estas cosas les acontecieron como ejemplo, y están escritas para amonestarnos a nosotros» (1 Corintios 10:11). Cada experiencia que atravesaron en el desierto guarda una lección para los que vivimos en esta dispensación de la gracia. Conociendo esto y haciendo referencia al maná que caía del cielo cada mañana, el Señor Jesús reveló: «No os dio Moisés el pan del cielo, mas mi Padre os da el verdadero pan del cielo. Porque el pan de Dios es aquel que descendió del cielo y da vida al mundo [...] Yo soy el pan de vida; el que a mí viene, nunca tendrá hambre» (Juan 6:32-35).

En solo un mes después de haber cruzado el mar Rojo las provisiones de alimentos se acabaron para los cientos de miles de israelitas que viajaban hacia la tierra prometida. El hambre se instaló. Los niños lloraban. Los padres se quejaban, cuestionando el liderazgo de Moisés. Él debió haberse sentido como Felipe en el monte de Galilea cuando Jesús le preguntó: «¿De dónde compraremos pan para que coman éstos?» (Juan 6:5). Justo cuando Moisés comenzaba a desesperarse por una solución, Dios estaba allí con una promesa: «He aquí yo os haré llover pan del cielo; y el pueblo saldrá, y recogerá diariamente la porción de un día» (Éxodo 16:4). Y fiel a su palabra, durante los siguientes cuarenta años, Dios alimentó a su pueblo de esta forma… cada mañana… todo lo que necesitaban.

Esta provisión milagrosa se llamaba «pan del cielo» (Salmos 78:24, NVI). Similar al rocío que cubría la tierra, era blanco y como un copo. Los israelitas lo recogían cada mañana, lo molían y luego lo cocinaban. Sabía como «hojuelas con miel» (Éxodo 16:31). El maná no era un producto de este mundo, cultivado o manufacturado por manos humanas. Era sobrenatural; un regalo que descendía del cielo. Debía recogerse diariamente porque solo era comestible la porción de ese día. Si se guardaba hasta el día siguiente se corrompía con gusanos, con la excepción del día de reposo, ya que en el sexto día recogían una porción doble. El maná nunca se acababa. Hubo una provisión inagotable que alimentó a más de dos millones de personas cada día durante cuarenta años hasta que cruzaron el río Jordán y comenzaron a deleitarse con la leche y miel de Canaán, la tierra prometida.

Hay tanto escondido detrás de esas palabras de Cristo: «Yo soy el pan de vida» (Juan 6:35). Él es el verdadero maná que descendió del Padre para sustentarnos y darnos vida. El maná del desierto le demostró al mundo que tenemos un Dios que nos cuida y nos provee. Así como el maná llegó de manera sobrenatural, también lo hizo Jesucristo. De forma milagrosa, vino desde el cielo, fue plantado en el vientre de una joven virgen judía y apareció en un establo del Medio Oriente una noche estrellada. De la misma manera en que cada persona debía recoger y comer su porción de maná, también cada uno de nosotros de forma individual debe recibir a Jesús por fe al nacer de nuevo. Así como necesitaban este maná a diario, nuestro Señor oró: «El pan nuestro de *cada día*, dánoslo hoy» (Mateo 6:11, énfasis añadido). Las victorias del ayer nunca son suficientes para los compromisos de hoy. Con Jesús, las misericordias de Dios «nuevas son cada mañana» (Lamentaciones 3:23). Y al igual que el maná nunca se acababa, en Cristo hay una provisión inagotable de amor, gozo, paz, y todos los demás frutos del Espíritu.

> Las victorias del ayer nunca son suficientes para los compromisos de hoy.

Sí, «estas cosas les acontecieron como ejemplo, y están escritas para amonestarnos a nosotros» (1 Corintios 10:11). Como nuestros antepasados judíos de la fe, nosotros también buscamos a Dios por nuestro sustento y nuestra salvación, y esta es provista de forma gratuita y sobrenatural por aquel que se llamó a sí mismo «el pan de vida». Cada maná que los hijos de Israel digirieron era la voz de Dios diciéndoles que él es el pan que «descendió del cielo y da vida al mundo [...] El que a mí viene, nunca tendrá hambre» (Juan 6:33, 35). Jesús aparece en toda la Biblia, y lo encontramos aquí en Deuteronomio. Él es el pan de vida.

6 ENCONTRAR A JESÚS EN JOSUÉ

Es la cuerda de color escarlata
afuera de la ventana de Rahab

Cuando entremos en esta tierra, tú deberás dejar esta cuerda de color
escarlata colgada de la ventana por donde nos hiciste bajar [...]
—Acepto las condiciones —respondió ella.
Entonces Rahab los despidió y dejó la cuerda escarlata colgando de
la ventana [...] Así que Josué le perdonó la vida a la prostituta Rahab
[...] porque ella escondió a los espías que él había enviado a Jericó.

—JOSUÉ 2:18, 21; 6:25, NTV

Después de cuatro décadas de espera, el tiempo finalmente había llegado. Moisés había muerto. Josué y el
pueblo de Israel se encontraban acampando en el lado este
del Jordán frente a Jericó. En el umbral de la entrada a la tierra prometida, Josué era plenamente consciente de que una
inminente confrontación estaba asegurada. Jericó, la ciudad
fortificada en el valle del Jordán, fue la primera de muchas
batallas que dieron inicio a la conquista de Canaán. Josué
envió a dos espías encubiertos a Jericó para que trajeran un
informe de reconocimiento. Debido a que su misión estaba
a punto de ser descubierta, fueron protegidos y ocultados
por una de las prostitutas de la ciudad, Rahab, que los hizo
descender por la ventana de su casa con una cuerda, a fin

de que pudieran regresar a salvo con el reporte para Josué. Ellos informaron que los muros tenían sesenta pies de altura (dieciocho metros) y treinta pies de ancho (nueve metros) alrededor de la ciudad. No podían ser escalados, bordeados ni atravesados. También trajeron noticias sobre Rahab. Le habían dejado una cuerda escarlata para que la atase a su ventana, a fin de que cuando los israelitas derrotaran Jericó, ella y su familia estuvieran a salvo cuando la cuerda escarlata identificara su casa.

Todos conocemos bien la historia. Los israelitas marcharon alrededor de la ciudad de Jericó durante siete días. Mientras los habitantes de Jericó miraban, cientos de miles de israelitas rodeaban su ciudad, marchando alrededor de la misma. Todo Jericó estaba aterrado. Josué se acercaba. El juicio se avecinaba. El caos y la confusión se habían desatado en las calles. Con excepción de una casa. Rahab también miraba, pero no sentía temor. Había oído aquello que Dios hizo por los israelitas al otro lado del Jordán y declaró: «Jehová vuestro Dios es Dios arriba en los cielos y abajo en la tierra» (Josué 2:11). Una cosa es creer que él es Dios en los cielos, pero otra es creer que está en control de «abajo en la tierra». Como una expresión de su fe, ató la cuerda escarlata a la ventana en busca de su salvación. Por medio de la fe de los israelitas y por un milagro de Dios, los muros de Jericó cayeron, y la ciudad fue destruida. No así Rahab.

Cuando Rahab aceptó al Dios de Israel y, por fe, ató la cuerda escarlata a su ventana, puso en marcha su liberación.

El Dios del cielo sabía de una cruz que ella no conocía. La sangre fue derramada en aquella cruz «desde antes de la fundación del mundo» (1 Pedro 1:20). Dios vio esa cruz venidera y la salvación tan perfectamente prometida y menospreciada en la fe de esa mujer pecadora y la salvó por su sangre. Como una declaración de fe, Rahab ató la cuerda escarlata a su ventana a fin de que cuando el juicio viniera y los muros cayeran, hubiera una parte conspicua de ese muro que el juicio no pudiera tocar... a causa de esa cuerda escarlata.

Cuando el juicio vino, Rahab permaneció a salvo (Josué 6:22-25). Tomó su lugar entre los israelitas en la familia del pueblo de Dios. Las cosas viejas pasaron, y todo fue hecho nuevo en su vida. Habitó entre los hijos de Israel y se casó con un hombre llamado Salmón. Tuvieron un hijo al que le pusieron por nombre Booz. Así es, el mismo Booz que se convirtió en el esposo de Rut y en el padre de Obed, el

> Cuando Rahab aceptó al Dios de Israel puso en marcha su liberación.

que más adelante engendró a Isaí, el padre del rey David. Y como si esto no honrase a Rahab lo suficiente, aparece en la lista del linaje de Jesús en Mateo 1:5. Es la verdad encarnada de 2 Corintios 5:17: «De modo que si alguno está en Cristo, nueva criatura es; las cosas viejas pasaron; he aquí todas son hechas nuevas».

Hay una cuerda escarlata que fácilmente podemos ver entretejida a través del Antiguo Testamento desde Génesis hasta Malaquías. Todas las referencias proféticas, todas las figuras, todas las profecías y todas las imágenes aguardan y señalan el sacrificio consumado del Señor Jesucristo. La cuerda escarlata es en realidad la historia del sacrificio de nuestro Señor y de su propia sangre real y carmesí, sangre que fue derramada para comprar nuestra redención. Y para todos nosotros que, al igual que Rahab, atamos esa cuerda escarlata, por medio de la fe, a la ventana de nuestro corazón, significará liberación y una vida nueva, así como fue para ella. Jesús está justo aquí en medio de una de las historias más conocidas del Antiguo Testamento, la caída de Jericó. Él es, en verdad, la cuerda escarlata atada a la ventana de Rahab.

7

ENCONTRAR A JESÚS EN JUECES

Es nuestro Juez fiel

Y cuando Jehová les levantaba jueces, Jehová estaba con el juez, y los libraba de mano de los enemigos todo el tiempo de aquel juez; porque Jehová era movido a misericordia por sus gemidos a causa de los que los oprimían y afligían.

—JUECES 2:18

El libro de Jueces —que comienza tras la muerte de Josué y se extiende hasta el reinado del rey Saúl—comprende una época de transición para los hijos de Israel. Este corto período en su prolongada historia describe un tiempo cuando se olvidaron de Dios e iban tras otros dioses paganos de Canaán. El autor va directo al grano cuando declara: «Se levantó después de ellos otra generación que no conocía a Jehová, ni la obra que él había hecho por Israel […] Dejaron a Jehová el Dios de sus padres, que los había sacado de la tierra de Egipto» (Jueces 2:10, 12). Durante este período, Dios levantó en repetidas ocasiones una serie de jueces, entre los cuales estaban Gedeón y Sansón, a los que había escogido para defender a su pueblo, hacerlos volver al Señor y restaurar la paz en medio de ellos.

Más que cualquier otro libro de la Biblia, Jueces describe el tiempo en el cual vivimos hoy. La última frase de este libro nos habla mucho acerca de su situación y la nuestra: «Cada uno hacía lo que bien le parecía» (Jueces 21:25). Al igual que nuestros antepasados judíos en la fe, hoy vivimos en un mundo donde el relativismo está desenfrenado y *cada uno hace lo que bien le parece*. Aquello que hace unos pocos años se escabullía por los oscuros callejones de nuestra cultura, ahora se pasea con orgullo por la avenida principal de prácticamente cada ciudad, pueblo y aldea de Estados Unidos.

El pueblo de Dios en Jueces repetía de manera continua un patrón patético. Se rebelaban contra Dios y su Palabra. Entonces venía juicio sobre ellos. Luego Dios les proveía un juez —un libertador—, y después entraban en un tiempo de arrepentimiento y restauración. Sin embargo, nunca duraba. Pronto, todo el proceso se repetiría una y otra y otra vez, como se registra en los veintiún capítulos de Jueces. A lo largo de todo este libro del Antiguo Testamento, vemos escrita la verdad de Hebreos 12:6-7: «Porque el Señor al que ama, disciplina […] Si soportáis la disciplina, Dios os trata como a hijos; porque ¿qué hijo es aquel a quien el padre no disciplina?».

El libro de Jueces es la historia de las buenas noticias. El hombre cae en pecado. Dios trae su juicio. El hombre clama a Dios por perdón. Dios lo libra. Esta es la historia de Jesús. Aquí vemos a Jesús en medio de Jueces. Aquí está la gracia que sobreabunda en relación con el pecado. Puede que los israelitas hayan olvidado a su Dios, pero él no olvidó, ni olvidará, a su pueblo. En Jueces, podemos vislumbrar a nuestro

Juez fiel, el Señor Jesucristo. Este libro es un testimonio viviente de la fidelidad de Dios: «Si fuéremos infieles, él permanece fiel» (2 Timoteo 2:13).

La función de estos jueces, como los libertadores divinamente escogidos, apunta al Juez que ha de venir, nuestro Señor Jesús. A él pertenece el único tribunal donde prevalecerá la justicia perfecta y definitiva. Los que hemos puesto nuestra confianza en él, un día compareceremos ante el «tribunal de Cristo» (2 Corintios 5:10). Allí serán juzgadas nuestras obras, no nuestros pecados. Estos últimos ya fueron juzgados en la cruz. Uno de los aspectos más hermosos sobre este juicio de los santos es que «abogado tenemos para con el Padre, a Jesucristo el justo» (1 Juan 2:1). Cristo, nuestro juez y abogado, defenderá nuestra causa, y Dios no puede ni podrá ver nuestros pecados a través de la sangre de Jesús. Por otra parte, aquellos que nunca han confiado en Cristo como su Salvador personal comparecerán ante el «gran trono blanco» (Apocalipsis 20:11), donde darán cuenta de sus vidas y se decidirá el grado de su castigo eterno.

> Puede que los israelitas hayan olvidado a su Dios, pero él no olvidó, ni olvidará, a su pueblo.

En su carta del Nuevo Testamento, Santiago advirtió: «El juez está delante de la puerta» (Santiago 5:9). El Señor Jesús, nuestro Juez fiel, usó el mismo simbolismo cuando dijo: «He aquí, yo estoy a la puerta y llamo; si alguno oye mi voz y abre la puerta, entraré a él, y cenaré con él, y él conmigo. Al que venciere, le daré que se siente conmigo en mi trono, así como yo he vencido, y me he sentado con mi Padre en su trono» (Apocalipsis 3:20-21).

Encontramos a Jesús caminando por estos capítulos de Jueces, personificado y representado en las vidas de estos fieles libertadores. Él es, y será, nuestro Juez fiel. Por último, podemos descansar en la verdad de Génesis 18:25: «¿No ha de hacer lo que es justo?».

8

ENCONTRAR A JESÚS EN RUT

Es nuestro pariente redentor

Y dijo Noemí a su nuera [Rut]: Sea él bendito de Jehová, pues que no ha rehusado a los vivos la benevolencia que tuvo para con los que han muerto. Después le dijo Noemí: Nuestro pariente [Booz] es aquel varón, y uno de los que pueden redimirnos.

—RUT 2:20

*U*na de las figuras más descriptivas y detalladas se encuentra en el libro de Rut, en la persona de Booz. La hambruna había llegado a Judea. No había pan en Belén, la «casa del pan». Entonces, un hombre llamado Elimelec tomó a su esposa, Noemí, y a sus dos hijos, y huyeron a la tierra de Moab donde habitaron. A su debido tiempo, sus hijos se casaron con mujeres moabitas. Los moabitas eran una raza que había nacido en incesto y profesaban una religión falsa que era la antítesis misma de la fe judía de Elimelec y de su familia. Con el tiempo, el esposo de Noemí murió, así también sus dos hijos. Ella, al haber oído que la hambruna había terminado, estaba ahora determinada a regresar a Belén. Animó a sus dos nueras a que volvieran a su pueblo y a sus dioses. Una de ellas le hizo caso. La otra, Rut, aferrada a Noemí, le rogó: «A dondequiera que tú fueres, iré yo» (Rut 1:16). Y así, estas dos viudas sin dinero emprendieron su viaje a Belén, sabiendo que el pasado de Rut estaría en su contra en Judea como una indigente forastera pagana en el mundo judío.

Rut encontró un trabajo insignificante que consistía en recoger las sobras de la cosecha, espigando en los campos de Belén. Era costumbre en aquellos días que el pariente más próximo tuviera no solo el derecho (Levítico 25:23-34), sino también la responsabilidad bíblica (Deuteronomio 25:5-10) de redimir y restaurar al pariente empobrecido. Booz era un pariente cercano del esposo de Noemí, Elimelec. También un terrateniente adinerado en cuyos campos Rut espigaba. Tal pariente-redentor era conocido en hebreo como un *goel* para sus parientes necesitados.

Esa idea de *goel* constituye la esencia misma de las enseñanzas de la Biblia sobre la redención. Tres requisitos se asociaban con este pariente que tenía la capacidad de redimir. En primer lugar, debía tener el derecho de hacerlo. Es decir, debía ser un pariente consanguíneo cercano. En segundo lugar, necesitaba contar con los recursos financieros, el poder, para ser capaz de redimir. Después de todo, una cosa es tener el derecho de redimir, pero otra muy distinta es tener el poder para hacerlo. Por último, el *goel* tenía que estar dispuesto a redimir a un pariente pobre.

Consideremos a Booz. Tenía el derecho de redimir a Noemí y a Rut. Era un pariente cercano «de la familia de Elimelec» (Rut 2:1). Desde luego, tenía el poder, ya que era un «hombre rico» (Rut 2:1). Y sin lugar a duda estaba dispuesto, ya que se había enamorado de esta muchacha gentil, Rut, a la que había visto espigando en sus campos.

El Señor Jesucristo es nuestro propio Booz. Él tiene el derecho de redimirnos. Y cuando llegó la hora, se despojó de su propia gloria, dejó el esplendor del cielo y descendió a través de los sistemas solares y del espacio inmensurable para ser plantado en el vientre de una joven virgen y nacer en la misma aldea que una vez fue el hogar de Booz: Belén. Jesús se hizo carne, se volvió similar a nosotros, para cumplir con el primer requisito del *goel*.

Jesús también posee el poder para redimirnos. Es lo suficientemente rico para pagar el precio de la redención, el precio de la sangre que derramó para

> El Señor Jesucristo es nuestro propio Booz. Él tiene el derecho de redimirnos.

comprar nuestra redención en la cruz del Calvario. Tras poseer el derecho y el poder para redimirnos, todo lo que faltaba era la disposición para hacerlo, y Jesús voluntariamente entregó su propia vida y sufrió nuestra muerte para que pudiéramos vivir su vida. Yo fui una Rut. Usted fue una Rut. Nacimos fuera de la familia de Dios y separados de Él por causa del pecado. Sin embargo, tenemos a un pariente redentor. El Señor Jesucristo, nuestro Booz, se apresuró hacia el Gólgota, y ahora podemos unirnos al apóstol Pablo al decir: «En quien tenemos redención por su sangre, el perdón de pecados según las riquezas de su gracia» (Efesios 1:7).

Pocas historias tienen un final tan increíble. El libro de Rut puede que haya comenzado con tres funerales, pero termina con una boda. Rut se casa con Booz, el señor de la cosecha, su pariente redentor. Tuvieron un hijo, Obed, que engendró a Isaí, que a su vez engendró a David, el pastor, salmista y rey. Rut, esta exmoabita pagana, se convirtió en la bisabuela del mayor rey de Israel. Tuvo una vida hermosa y dejó un legado duradero, totalmente alejado de su antigua vida en Moab. Todo el curso de su vida estuvo determinado por otra persona, Booz. Qué imagen maravillosa podemos tener al decirle a nuestro Redentor lo que Rut le dijo a Noemí: «A dondequiera que tú fueres, iré yo, y dondequiera que vivieres, viviré. Tu pueblo será mi pueblo, y tu Dios mi Dios» (Rut 1:16). Hoy, Rut vive en la historia y en el cielo, un ejemplo para todos nosotros, a causa de su pariente redentor, Booz. Sin lugar a duda, encontramos a Jesús aquí en medio del libro de Rut. Él es nuestro Booz, nuestro pariente redentor.

ENCONTRAR A JESÚS EN PRIMERA Y SEGUNDA SAMUEL

Es nuestro fiel profeta

Y Samuel creció, y Jehová estaba con él, y no dejó caer a tierra ninguna de sus palabras. Y todo Israel, desde Dan hasta Beerseba, conoció que Samuel era fiel profeta de Jehová.

—1 SAMUEL 3:19-20

*C*uando llegamos a los libros de Primera y Segunda Samuel, encontramos un punto de inflexión en la historia de Israel. Como vimos en el capítulo siete, después de la muerte de Josué, Israel fue gobernado por una serie de jueces sin una autoridad centralizada en la nación. Dios repetidamente levantaba a estos individuos para librar a Israel de sus enemigos (Jueces 2:16). Samuel fue el último de estos jueces e hizo tornar al pueblo del gobierno de los jueces al reinado de una serie de reyes. Los dos primeros, Saúl y David, fueron ungidos para el reinado por el mismo Samuel. Simón Pedro identificó a Samuel no solo como el último de los jueces, sino también como el primero de los profetas (Hechos 3:24). En sus días, Samuel se destacó como el indiscutible y fiel «profeta de Jehová» (1 Samuel 3:19-20).

Hasta el día de hoy, sobre un monte al norte de las afueras de Jerusalén, yace una torre que puede verse desde millas de distancia en todas las direcciones. Esta torre identifica la tumba del profeta Samuel. Su vida comenzó de forma milagrosa cuando Dios oyó las oraciones de su devota madre y abrió su vientre estéril para regalarle al mundo el primero y el más grande de los profetas de Israel. Como más tarde se diría de nuestro Señor, Samuel «iba creciendo, y era acepto delante de Dios y delante de los hombres» (1 Samuel 2:26). Cuando los israelitas ignoraron las advertencias de Samuel e insistían en tener un rey terrenal —rechazando a Dios como su rey—, Dios les dio lo que querían. Aunque en los siglos venideros, ellos descubrirían que lo que querían no era lo que en verdad necesitaban. Samuel, guiado por Dios, ungió a Saúl como rey de Israel. Más tarde, después de que Saúl comenzara a alejarse de Dios, el profeta ungió al segundo rey de Israel, David.

> En sus días, Samuel se destacó como el indiscutible y fiel «profeta de Jehová» (1 Samuel 3:19-20).

Un profeta puede definirse como aquel que les habla a los hombres en nombre de Dios. En contraste, un sacerdote es aquel que le habla a Dios por los hombres. Samuel era el vocero de Dios, y guio al pueblo de Israel durante décadas, declarando: «Así ha dicho Jehová». Como profeta, desempeñaba tres funciones principales:

1. Revelaba a Dios al pueblo.
2. Era el vocero oficial de Dios.

3. Y le comunicaba al pueblo las verdades valiosas que Dios deseaba que conocieran y obedecieran.

De esta forma, el profeta se presentaba ante el pueblo para revelar quién es Dios, qué dice Dios y por qué Dios habla.

Moisés ya había revelado que Dios le había prometido un profeta, cuando dijo: «Profeta les levantaré de en medio de sus hermanos, como tú; y pondré mis palabras en su boca, y él les hablará todo lo que yo le mandare» (Deuteronomio 18:18). Sin dejar duda alguna en cuanto a quién se refería Dios, Simón Pedro, parado en el pórtico de Salomón, dijo: «A vosotros primeramente, Dios, habiendo levantado a su Hijo, lo envió para que os bendijese, a fin de que cada uno se convierta de su maldad» (Hechos 3:26).

Al igual que Samuel, encontramos a Jesús caminando por las páginas de la Escritura, cumpliendo las tres funciones de un profeta:

1. *Reveló al pueblo quién es Dios.* La noche previa a su crucifixión, reunido con sus seguidores en el aposento alto en el monte de Sion, Jesús nos reveló al Padre cuando dijo: «Si me conocieseis, también a mi Padre conoceríais; y desde ahora le conocéis, y le habéis visto» (Juan 14:7). Felipe interrumpió: «Señor, muéstranos el Padre» (Juan 14:8). Jesús volvió a revelar al Padre en términos inequívocos

y respondió: «¿Tanto tiempo hace que estoy con vosotros, y no me has conocido, Felipe? El que me ha visto a mí, ha visto al Padre» (Juan 14:9).

2. *Fue el vocero oficial de Dios.* Para que no hubiera ninguna duda de que era el verdadero profeta de Dios, Jesús declaró: «Porque yo no he hablado por mi propia cuenta; el Padre que me envió, él me dio mandamiento de lo que he de decir, y de lo que he de hablar» (Juan 12:49). Y una vez más, en el aposento alto, reafirmó esta verdad, diciendo: «Las palabras que yo os hablo, no las hablo por mi propia cuenta, sino que el Padre que mora en mí, él hace las obras» (Juan 14:10). Jesús, nuestro fiel profeta, vino a revelarnos a Dios y a hablarnos las palabras de Dios el Padre.

3. *Anunció y comunicó las verdades valiosas que Dios quería que conociéramos.* Jesús predijo el futuro. Les contó a sus discípulos acerca de su propia muerte y resurrección (Mateo 17:22-23; 20:17-19). Les contó sobre la traición de Judas y la negación de Pedro antes de que ocurrieran (Juan 13:18-30; 13:36-38). Anunció la venida del Espíritu Santo (Juan 16:7-15). Y profetizó sobre su segunda venida (Juan 14:3).

El autor de Hebreos le colocó un moño a esta maravillosa verdad, cuando expresó: «Dios, habiendo hablado muchas veces y de muchas maneras en otro tiempo a los padres por los profetas, en estos postreros días nos ha hablado por el Hijo, a quien constituyó heredero de todo» (1:1-2). Jesús, nuestro fiel profeta, es el mayor de todos los profetas porque por medio de él Dios vino a morar entre nosotros: «Y aquel Verbo fue hecho carne, y habitó entre nosotros» (Juan 1:14).

10 ENCONTRAR A JESÚS EN REYES Y CRÓNICAS

Es el fuego que desciende del cielo

Cuando Salomón acabó de orar, descendió fuego de los cielos, y consumió el holocausto y las víctimas; y la gloria de Jehová llenó la casa. Y no podían entrar los sacerdotes en la casa de Jehová, porque la gloria de Jehová había llenado la casa de Jehová. Cuando vieron todos los hijos de Israel descender el fuego y la gloria de Jehová sobre la casa, se postraron sobre sus rostros en el pavimento y adoraron, y alabaron a Jehová, diciendo: Porque él es bueno, y su misericordia es para siempre.

—2 CRÓNICAS 7:1-3

*E*l libro de Jueces termina con estas trágicas palabras: «En estos días no había rey en Israel; cada uno hacía lo que bien le parecía» (Jueces 21:25). El pueblo comenzó a demandarle a Samuel, el último de los jueces y ahora ya en edad avanzada, «un rey que nos juzgue, como tienen todas las naciones» (1 Samuel 8:5). Y así comenzó, con Saúl, el gobierno de los reyes de Israel. Más adelante, el pueblo aprendería una lección de vida: aquello que queremos no siempre es lo que necesitamos. La intención de Dios era reinar sobre su pueblo escogido. Cuando la demanda por un rey desagradó a Samuel, el Señor le recordó: «No te han desechado a ti, sino a mí me han desechado, para que no reine sobre ellos» (1

Samuel 8:7). Los libros de Reyes y Crónicas comienzan con el reinado del rey David y terminan con la culminación de la época de los reyes con la cautividad babilónica en el 586 A. C.

En reiteradas oportunidades a lo largo del Antiguo Testamento, vemos que Jesús aparece en escena y se manifiesta como fuego del cielo. Dios juzgó las ciudades impías de Sodoma y Gomorra haciendo llover fuego sobre ellas (Génesis 19:24). Después de cuarenta años en el desierto, Moisés recibió el llamado para convertirse en el gran emancipador de su pueblo cuando Jehová le habló desde el fuego de una zarza ardiente: «Se le apareció el Ángel de Jehová [Cristo preencarnado] en una llama de fuego en medio de una zarza; y él miró, y vio que la zarza ardía en fuego, y la zarza no se consumía» (Éxodo 3:2). Otra de estas apariciones más prominentes tuvo lugar en el desierto cuando Cristo guio a su pueblo cada noche como «una columna de fuego». Moisés declaró: «Oh Jehová, estabas en medio de este pueblo, que cara a cara aparecías tú […] y que de día ibas delante de ellos […] de noche en columna de fuego» (Números 14:14).

Por encima de las demás escrituras del Antiguo Testamento, los libros de Reyes y Crónicas están entrelazados con estas apariciones de Jesús, que camina por sus capítulos y se manifiesta como el fuego que desciende del cielo. Encontramos a Jesús en Primera de Reyes 18, donde se relata la confrontación de Elías con los falsos profetas de Baal en el monte Carmelo: «Invocad luego vosotros el nombre de vuestros dioses, y yo invocaré el nombre de Jehová; y el

Dios que respondiere por medio de fuego, ése sea Dios [...] Entonces cayó fuego de Jehová, y consumió el holocausto [...] Viéndolo todo el pueblo, se postraron y dijeron: ¡Jehová es el Dios, Jehová es el Dios!» (vv. 24, 38-39). Hacia el final de la vida del gran profeta Elías, mientras caminaba y hablaba con Eliseo, de pronto «un carro de fuego con caballos de fuego apartó a los dos; y Elías subió al cielo en un torbellino» (2 Reyes 2:11). Jesús apareció como fuego una vez más cuando el rey David compró la parcela en la cima del monte Moriá, la cual durante siglos sería el altar del sacrificio en el templo judío. Tras comprar esta preciada posesión, el rey David edificó allí un altar en el que ofreció sacrificios e invocó el nombre de Jehová, «quien le respondió por fuego desde los cielos en el altar del holocausto» (1 Crónicas 21:26). Décadas más tarde, cuando en ese mismo lugar, el hijo de David, el rey Salomón, dedicó el magnífico templo judío, «descendió fuego de los cielos, y consumió el holocausto y las víctimas; y la gloria de Jehová llenó la casa» (2 Crónicas 7:1).

Puede que usted y yo no estemos viviendo en los tiempos de los reyes de Israel, pero cada uno de nosotros tendremos nuestra experiencia personal de un encuentro con Jesús como un holocausto. Pablo advirtió que vendría un tiempo de juicio cuando «la obra de cada uno se hará manifiesta; porque el día la declarará, pues por el fuego será revelada; y la obra de cada uno cuál sea, el fuego la probará. Si permaneciere la obra de alguno que sobreedificó, recibirá recompensa. Si la obra de alguno se quemare, él sufrirá pérdida, si bien él mismo será salvo, aunque así como por fuego» (1 Corintios 3:13-15). Cristo es el fuego purificador que un día quemará todas las impurezas de nuestras vidas, y por su misericordia nos presentará delante del trono del Padre «sin mancha delante de su gloria con gran alegría» (Judas v. 24). Toda la Biblia se trata de Jesús. Hoy, no somos guiados por columnas de fuego ni se nos habla a través del fuego de una zarza ardiente. Tenemos algo que aquellos santos del Antiguo Testamento no tenían. El mismo Espíritu que resucitó a Cristo de entre los muertos, que mora en nosotros para guiarnos en la vida y revelarnos los caminos de Dios por su Espíritu y a través de su Palabra. Sin lugar a duda, encontramos a Jesús en las páginas de Reyes y Crónicas. «Nuestro Dios es fuego consumidor» (Hebreos 12:29).

> Cristo es el fuego purificador que un día quemará todas las impurezas de nuestras vidas.

11 ENCONTRAR A JESÚS EN ESDRAS

Es nuestro fiel escriba

Esdras... era escriba diligente en la ley de Moisés, que Jehová Dios de Israel había dado... Porque Esdras había preparado su corazón para inquirir la ley de Jehová y para cumplirla.

—ESDRAS 7:6, 10

Después del exilio babilónico, tres prominentes líderes judíos regresaron a la ciudad devastada de Jerusalén. Zorobabel tenía la tarea de liderar la reconstrucción del templo, el cual había sido saqueado y dejado en ruinas. Nehemías movilizó y motivó a los exiliados judíos a reconstruir los muros rotos de la ciudad y las puertas incendiadas que los volvían vulnerables frente a los enemigos. Sin embargo, Esdras, el fiel escriba, tenía la tarea más importante de la reconstrucción. Esdras le enseñaba a la gente la Palabra de Dios y los guiaba en la restauración crucial de la integridad espiritual del pueblo de Dios. Y, como todo gran líder, predicaba con el ejemplo: «Esdras había preparado su corazón para inquirir la ley de Jehová y para cumplirla» (Esdras 7:10).

Si bien nunca leemos una mención directa del Mesías en el libro de Esdras, es imposible no ver a Jesús caminando por estos versículos, manifestándose a sí mismo en la vida de este fiel escriba. Como escriba, Esdras reverenció y honró las

Sagradas Escrituras y procuró no solo conocerlas, sino también ponerlas en práctica en su vida diaria. Del mismo modo, Jesús amaba las Escrituras y edificó su vida terrenal sobre ellas. Cuando, después de su bautismo, él fue conducido al desierto para ser tentado por Satanás, respondió ante cada intento de desviarlo de su misión diciendo: «Escrito está» (Mateo 4:4, 7, 10). Jesús se afirmó en la Palabra de Dios y la puso en práctica en cada detalle de su vida.

Toda la Escritura nos fue dada por «inspiración» de Dios (2 Timoteo 3:16). *Inspiración* significa que las palabras son de Dios y fueron dadas al hombre a través de los hombres. Simón Pedro dijo: «Los santos hombres de Dios hablaron siendo inspirados por el Espíritu Santo» (2 Pedro 1:21). Resulta irónico que la misma palabra griega que aquí se tradujo como «inspirados» aparece en el relato del naufragio de Pablo que se registró en Hechos 27. Se había levantado una tormenta furiosa y los marineros a bordo, incapaces de dirigir la nave a causa de los fuertes vientos, simplemente se dejaron llevar a la deriva (Hechos 27:15, 17). Tal como los marineros se encontraban activos en la nave y, sin embargo, habían cedido el control de la misma, del mismo modo, sucedió con los escritores de la Biblia. En concreto, los escritos no les pertenecían. Dios le expresó esta cuestión a Jeremías: «He aquí he puesto mis palabras en tu boca» (Jeremías 1:9). La Escritura no se originó con los hombres; se originó con Dios mismo. Las personalidades y estilos de los escritores son propios, pero fue Dios quien los inspiró a escribir por medio de su Espíritu, el mismo Espíritu que resucitó a Cristo de entre los muertos. Esdras comprendió esta verdad y se entregó, como nuestro Señor cuando fue revestido de carne humana, a estas verdades.

También vemos a Jesús reflejado en Esdras como el fiel escriba que lloró por Jerusalén, así como nuestro Señor lloró por la misma ciudad cuatro siglos y medio más tarde. Esdras derramó su corazón con lágrimas de remordimiento por los años desperdiciados a causa de la rebelión de Israel (Esdras 10:1). Esta es una reminiscencia de las acciones de nuestro Señor acerca de lo que debió haber sido un gran y glorioso día, cuando entraba sobre un pollino a la ciudad santa en medio de los gritos de hosanna y las alabanzas de la multitud. Jesús debió haber estado sonriendo de oreja a oreja y saludando mientras pasaba por las calles aquel Domingo de Ramos; sin embargo, lloraba: «Y cuando llegó cerca de la ciudad, al verla, lloró sobre ella, diciendo: ¡Oh, si también tú conocieses, a lo menos en este tu día, lo que es para tu paz! Mas ahora está encubierto de tus ojos» (Lucas 19:41-42).

El llamado de Esdras al arrepentimiento y la transformación moral halló su cumplimiento definitivo en Jesucristo. En el Sermón del monte, Jesús estableció la intención original del dador de la ley. Una y otra vez le oímos decir: «Oísteis que fue dicho [...] Pero yo os digo...» (Mateo 5:21-48). Por ejemplo, Jesús dijo que habíamos oído que no debíamos cometer adulterio. Y luego agrega: «Pero yo os digo que cualquiera que mira a una mujer para codiciarla, ya adulteró con ella en su corazón» (Mateo 5:28). Jesús no negó lo que estaba escrito en la ley de Moisés; en cambio, nos reveló la intención original del dador de la ley. Después de todo, él era el autor. Jesús tornó la ley en una cuestión del corazón.

Esdras, al igual que Jesús, le dio al pueblo de Dios algo que perduraría a lo largo de los siglos venideros. Organizó al pueblo escogido alrededor de la Torá, la Palabra de Dios. Hasta el día de hoy, esa es la marca distintiva del pueblo judío, no la geografía ni el origen nacional, sino la devoción por la Palabra de Dios, la sagrada Torá. Esta los sostuvo a través de la persecución romana, la dispersión mundial, la inquisición española, los pogromos rusos, los guetos polacos y los campos de concentración nazis. La Palabra de Dios, que vive en la persona de Cristo y está escrita en las Sagradas Escrituras, está viva y a salvo. Cuando leemos sobre Esdras, tenemos una percepción de nuestro propio escriba fiel, el Señor Jesucristo, pues «en el principio era el Verbo, y el Verbo era con Dios, y el Verbo era Dios […] Y aquel Verbo fue hecho carne, y habitó entre nosotros (y vimos su gloria, gloria como del unigénito del Padre), lleno de gracia y de verdad» (Juan 1:1, 14). Vemos a Jesús caminando por estos versículos de Esdras. Él fue, es y por siempre será nuestro fiel escriba.

> El llamado de Esdras al arrepentimiento y la transformación moral halló su cumplimiento definitivo en Jesucristo.

12 ENCONTRAR A JESÚS EN NEHEMÍAS

Es el restaurador de los muros rotos

Me dijo el rey: ¿Qué cosa pides? [...] Y dije al rey: Si le place al rey, y tu siervo ha hallado gracia delante de ti, envíame a Judá, a la ciudad de los sepulcros de mis padres, y la reedificaré.

—NEHEMÍAS 2:4-5

*N*ehemías vivió hace dos mil quinientos años y «escribió el libro» sobre la reedificación. Dios lo registró para nosotros y lo incluyó en la Biblia para toda la posteridad. Nehemías no era predicador ni profeta. Era un funcionario público, un hombre común y corriente que puso en práctica algunos principios universales, los cuales le permitieron restaurar una ciudad en ruinas y, en el proceso, muchas esperanzas rotas. Su historia se desarrolla varios años después de que los babilonios destruyeran la ciudad de Jerusalén y llevaran a los cautivos a Babilonia. Les demolieron el templo, destruyeron los muros ancestrales e incendiaron las puertas de la ciudad. Durante años, la ciudad santa permaneció en ruinas. Motivado por su pasión por devolverle a Jerusalén su antigua gloria, Nehemías decidió por cuenta propia regresar, animar al remanente que quedaba y reedificar los muros rotos de la ciudad. En tan solo cincuenta y dos días, logró esta hazaña asombrosa

(Nehemías 6:15). Pero no exento de una enorme oposición externa e interna.

El conflicto divide un equipo, ya sea en su casa, en la oficina, en la cancha o incluso en la iglesia. Los conflictos sin resolverse pueden causar daños irreparables. En el capítulo cinco de Nehemías, vemos que los judíos se enfrentaron a la posibilidad concreta de que el muro podría no reconstruirse debido a algunos conflictos que habían surgido entre los miembros del propio equipo de Nehemías. Mucho antes de que algunos de los gurús motivacionales modernos escribieran sobre la resolución de conflictos, Nehemías empleó cuatro principios esenciales, que han superado el paso del tiempo, para resolver sus conflictos y permitir la reedificación de los muros.

En primer lugar, Nehemías nos reveló que *hay un tiempo para apartarse*. Nehemías comenzó por alejarse, y tenía una sabia razón para hacerlo. En sus propias palabras, se había «[enojado] en gran manera» (Nehemías 5:6). Era lo suficientemente sabio para saber que cuando esto sucede, lo mejor que podemos hacer es apartarnos y «meditar» (Nehemías 5:7) sobre la situación. Esta palabra en nuestras Biblias en español traduce dos términos hebreos que significan «aconsejar o dar consejo» y «el hombre interior, el corazón». Nehemías literalmente estaba diciendo: «Me aparté y escuché mi corazón. Consulté con mi corazón». Y al hacer esto, encontró la forma de proceder que por fin condujo a su pueblo de regreso a los muros y al trabajo de reedificación.

Después de retroceder, Nehemías reveló que *hay un tiempo para levantarse.* Se paró con valentía y enfrentó a los que él creía que estaban equivocados y cuyas acciones habían iniciado el conflicto (Nehemías 5:7-9). La resolución de conflictos nunca supone simplemente retroceder y siempre ceder a cualquier precio. Jesús, en el Sermón del monte, declaró una bendición sobre los «pacificadores», no los «amantes de la paz» (Mateo 5:9). Hay momentos cuando debemos levantarnos y hacer las paces con los demás.

En tercer lugar, Nehemías nos reveló que *hay un tiempo para ceder.* Permitió que otros guardasen su dignidad y sabía que eso era mucho más importante que ceder ante cosas prescindibles (Nehemías 5:10-11). En nuestras relaciones, siempre es mejor perder algunas batallas insignificantes, a fin de ganar una guerra más grande. Nehemías no estaba mostrando debilidad al permitir que otros consiguieran cosas superfluas. Por el contrario, mostraba fortaleza. Demasiados conflictos quedan sin resolver porque algunas personas insisten en que deben ganar cada pequeño argumento y discusión.

Por último, Nehemías nos revela que *hay un tiempo para alcanzar a otros.* Levantó puentes, no barreras. Con una persuasión moderada, se acercó y le suplicó al pueblo que dejara atrás sus diferencias en vista de un llamado más alto (Nehemías 5:8-13). ¿Y cuál fue el resultado de este enfoque de cuatro pilares? «Y respondió toda la congregación: ¡Amén! y alabaron a Jehová. Y el pueblo hizo conforme a esto» (Nehemías 5:13). ¡La paz regresó!

¿Puede ver a Jesús caminando por estas páginas de Nehemías? Usted y yo estábamos en conflicto con él. Escogimos nuestro propio camino, todos pecamos y fuimos destituidos de su plan para nuestras vidas (Romanos 3:23). Entonces, ¿qué hizo Jesús? Se apartó. En su hora más difícil, véalo debajo de esos antiguos olivos nudosos en el huerto de Getsemaní. Se apartó para meditar y consultó con su propio corazón. Luego, se levantó. Véalo delante de Caifás, el sumo sacerdote; Herodes, el rey marioneta; y Pilato, el gobernador romano. Cuando le preguntaron si era el Hijo de Dios, Jesús respondió con valentía: «Vosotros decís que lo soy» (Lucas 22:70). Luego, se entregó. No lo presionaron ni lo empujaron ni lo levantaron en la vía Dolorosa. No se resistió, sino que se entregó a sí mismo y «como cordero fue llevado al matadero» (Isaías 53:7). Por último, Jesús alcanzó a otros. Suspendido entre el cielo y la tierra en una cruz, con brazos extendidos, Jesús nos alcanzó e imploró que seamos «reconciliados con Dios» (Romanos 5:10). En verdad, encontramos a Jesús en Nehemías, ya que está involucrado en la tarea de reedificar nuestros propios muros rotos.

> Encontramos a Jesús en Nehemías, ya que está involucrado en la tarea de reedificar nuestros propios muros rotos.

Durante el proceso de reedificación, Nehemías tenía un punto de reunión con todo su equipo. Mantenía a un trompetista siempre a su lado. Sus instrucciones eran: «En el lugar donde oyereis el sonido de la trompeta, reuníos allí con nosotros; nuestro Dios peleará por nosotros» (Nehemías 4:20). Hoy, alrededor del mundo, hay toda clase de hombres y mujeres que colaboran con Cristo en su proceso de reconstrucción. Son predicadores, misioneros, maestros, obreros y laicos, y están esparcidos por todo el muro. En algunos lugares, las filas son débiles. Sin embargo, todos tenemos a nuestro comandante general, el Señor Jesucristo, y él es el punto de encuentro para cada uno de los que estamos bajo su servicio. Un día, oiremos el último sonido de la trompeta. Dejaremos nuestras herramientas, saldremos de nuestras estaciones de trabajo y nos uniremos a él cuando venga a recibir a los suyos.

La Biblia es el libro de Jesús. Todo tiene que ver con él. Y está justo aquí, en el libro de Nehemías, el restaurador de nuestros muros rotos.

13 ENCONTRAR A JESÚS EN ESTER

Es nuestro Mardoqueo

Y había criado a Hadasa, es decir, Ester, hija de su tío, porque era huérfana [...] Cuando su padre y su madre murieron, Mardoqueo la adoptó como hija suya [...] Porque Mardoqueo el judío fue el segundo después del rey Asuero, y grande entre los judíos, y estimado por la multitud de sus hermanos, porque procuró el bienestar de su pueblo y habló paz para todo su linaje.

—ESTER 2:7; 10:3

La mayoría de nosotros tenemos un apéndice que permanece a nuestro lado durante el día e incluso no muy lejos mientras dormimos. Hemos desarrollado tal dependencia que este apéndice está involucrado en casi todas las áreas de nuestras vidas. Me refiero a los teléfonos inteligentes. Los usamos para hablar, enviar mensajes y tuitear. También para organizarnos e informarnos de las noticias. Realizamos nuestras operaciones bancarias a través de ellos y también pagamos nuestras facturas. Miramos el clima y hasta nos despertamos cada mañana con su alarma. Pero una de las funciones más estupendas de mi teléfono inteligente es la cámara, que toma mejores fotografías que cualquier cámara que he tenido. Si usted es como yo, tiene miles de fotografías guardadas en su celular: fotos de los niños, nietos, vacaciones, amigos y decenas de otros recuerdos que quedan atesorados en alguna parte de iCloud. Nos encanta mostrarles a nuestros amigos las fotografías de nuestros niños. ¿Sabe que Dios se deleita de igual modo? Le gusta mostrarnos imágenes de su Hijo desde todos los ángulos y lugares posibles. Al caminar por los libros de la Biblia, Dios nos muestra diferentes imágenes de su Hijo, Jesús. Aquí, en el libro de Ester, encontramos un retrato hermoso de Jesús reflejado en la vida de un hombre llamado Mardoqueo.

El libro de Ester es el único de la Biblia donde no se menciona el nombre de Dios, ni una sola vez. E, irónicamente, cuando se descubrieron los rollos del mar Muerto en 1948, se encontraron todos los libros del Antiguo Testamento… a excepción de este libro, que lleva el nombre de Ester. A primera vista, parecería que se tratara de una hermosa joven judía que de manera milagrosa se convirtió en la reina de Persia y, al hacerlo, fue capaz de salvar heroicamente las vidas de los judíos que habitaban allí. No obstante, aunque Ester es el centro de atención en el escenario, el verdadero héroe del drama está fuera de escena, en las sombras de las alas. Su nombre es Mardoqueo, y en muchos aspectos representa una hermosa figura de Jesús.

Si bien tanto Esdras como Nehemías comienzan con el remanente de los judíos que dejaron Persia para regresar a Jerusalén y restaurar la antigua ciudad, Ester es la historia de los judíos que permanecieron en Persia. Es el relato personal de cómo Dios providencialmente obró a través de las vidas de Ester y de su padre adoptivo, Mardoqueo, un trabajador de bajo nivel en la corte del rey, para proteger a su pueblo escogido que vivía en una tierra pagana. Leer los sucesos que se desarrollan en Ester es como leer una novela de Jeffrey Archer, con un giro a cada paso. Hay intriga, manipulaciones políticas, amenazas de muerte, giros narrativos y, por supuesto, romance. Al comienzo de la historia, Ester había sido coronada reina por medio de una especie de concurso de belleza. En las palabras de Mardoqueo, Dios la exaltó «para esta hora» (Ester 4:14). Mientras tanto, Amán, un oficial ególatra de la corte, planeaba exterminar a los judíos y ver a Mardoqueo colgado en la horca. Mediante una serie de sucesos milagrosos, la conspiración de Amán fue expuesta y terminó ahorcado con la misma cuerda que había reservado para Mardoqueo.

A través de este relato, una y otra vez, encontramos a Mardoqueo, detrás de escena, orquestando la liberación de Ester y, en última instancia, de todos los judíos. Con humildad de espíritu, este hombre nos presenta una hermosa figura de Cristo. Y, al igual que Jesús, fueron las propias iniciativas de Mardoqueo las que salvaron y restauraron a su pueblo en días de oscuridad y angustia. La adopción de Ester por parte de Mardoqueo es un recordatorio de nuestra adopción por la familia de Dios, un regalo que nos fue dado sin mérito ni esfuerzo personal. Vemos cómo él encontró a Ester y viceversa; este hecho es un recordatorio de que el Espíritu Santo es el que nos busca y Cristo el que nos encuentra, y no nosotros a él. El libro de Ester concluye con una descripción sobre la «grandeza de Mardoqueo» (Ester 10:2). Vemos a Jesús representado en este hombre que con amor crio a su parienta huérfana, fielmente sirvió a su rey, de manera constante obedeció a su Dios, y luego fue ascendido a un lugar de grandeza. Llegará el día en que Cristo gobierne desde el trono de David en una tierra de perfecta paz. Hasta entonces, que «la paz de Dios gobierne en vuestros corazones» por medio de la fe (Colosenses 3:15).

Hasta el día de hoy, nuestros amigos judíos leen el libro de Ester cada año cuando celebran la fiesta de Purim. A pesar de que el nombre de Dios no se menciona en Ester, se encuentra presente en cada versículo, y hallamos a Jesús hermosamente reflejado en la vida de Mardoqueo.

14   ENCONTRAR A JESÚS EN JOB

Es nuestro Redentor que vive por siempre

Yo sé que mi Redentor vive, y al fin se levantará sobre el polvo; y después de deshecha esta mi piel, en mi carne he de ver a Dios; al cual veré por mí mismo, y mis ojos lo verán, y no otro, aunque mi corazón desfallece dentro de mí.

—JOB 19:25-27

En un momento u otro de nuestras vidas, la mayoría de nosotros nos hemos preguntado en silencio lo que Job se preguntó en voz alta: «Si el hombre muriere, ¿volverá a vivir?» (Job 14:14). En otras palabras, ¿hay algo más que esto? Hoy estamos aquí, mañana ya no, y entonces… ¿no hay nada más? ¿O acaso hay una vida más allá de nuestra existencia física?

Dios ha puesto dentro del corazón del hombre un anhelo por una vida más allá de esta existencia terrenal. Los cavernícolas representaban esta esperanza por medio de pinturas que grababan dentro de sus cuevas. Los egipcios sepultaban a sus faraones dentro de grandes pirámides junto con armas, utensilios para comer, e incluso sirvientes, prueba de que también creían en una vida más allá de esta existencia. Los indios americanos tenían su «paraíso» donde creían que los muertos revivían. Sin lugar a duda, nuestro gran Dios ha plantado de manera sobrenatural dentro del espíritu humano el deseo por una vida más allá de la muerte.

Los recurrentes relatos de las «experiencias cercanas a la muerte» alimentan aún más el interés actual sobre la vida después de la muerte. Cada tanto, un nuevo libro superventas llega al mercado para describir la «muerte» de cierta persona y lo que esta experimentó antes de regresar a su cuerpo. Esos libros se venden a millones y llegaron a convertirse en más de una película. Es evidente que la pregunta de Job «vende» en nuestro mundo actual.

«Si el hombre muriere, ¿volverá a vivir?». Job respondió su propia pregunta, señalando al Redentor venidero, el Señor Jesucristo, con un enfático «¡Sí!». Escuche su firme confirmación: «Yo sé que mi Redentor vive [...] Y después de deshecha esta mi piel [...] he de ver a Dios» (Job 19:25-26).

Estas palabras provinieron de los labios y de la pluma de un hombre que acababa de perder su trabajo, su salud, su riqueza, sus amistades y, sobre todo, su familia. Job no dijo: «Creo...» o «Deseo...». Tampoco dijo: «Espero...». La respuesta de Job fue *positiva*. Estaba totalmente seguro. No había «sis» ni «peros» al respecto. Sabía que su Redentor vivía. Afirmando la seguridad de Job, el apóstol Juan agregó: «Estas cosas os he escrito a vosotros que creéis en el nombre del Hijo de Dios, para que sepáis que tenéis vida eterna, y para que creáis en el nombre del Hijo de Dios» (1 Juan 5:13). La Biblia fue escrita a fin de que usted tuviera y se aferrara a la seguridad positiva de que no solo hay otra vida un millón de veces más larga que esta, sino que además la pasará con el Redentor de Job, nuestro Señor Jesús.

La respuesta de Job no solo fue positiva, sino también *intencional*. Indicó que vería a su Redentor después de desecha su propia carne. Antes vimos a Jesús, nuestro Redentor, caminando por las páginas de Rut —prefigurado en la vida de Booz— como nuestro pariente Redentor. Por lo tanto, en esencia, Job dijo: «He perdido todo. Entonces, ¿qué importa si la muerte se me presenta? Sé que mi Redentor vive y que al final él me restaurará. Él vive, y también yo viviré».

A las afueras de la puerta de Damasco, en dirección a la calle Nablus, en Jerusalén, hasta el día de hoy existe un jardín hermoso donde yace una tumba famosa. Sin embargo, en la actualidad existen muchas tumbas reconocidas en el mundo. En las pirámides de Egipto se encuentran los cuerpos de los faraones. En la abadía de Westminster descansan los restos de Browning, Tennyson y Livingston, entre otros. En la Meca, encontrará la tumba de Mahoma. Todas esas tumbas son famosas por quien está adentro. Pero la tumba del huerto, en Jerusalén, es famosa por aquel que no pudo retener. La respuesta de Job es intencional: «Yo sé que mi Redentor vive».

> La respuesta de Job fue *positiva* [...] Sabía que su Redentor vivía.

Por último, la respuesta de Job es intensamente *personal*. Declaró que es «*mi* Redentor» que vive. ¿Puede abrazar ese pequeño pronombre personal de una sílaba y dos letras: «mi»? En tal caso, encontrará a Jesús aquí en el libro de Job, su propio Redentor personal que vive para siempre. En medio de sus grandes dificultades, la fuente de gozo de Job era ver a Dios en la próxima vida. Job sabía, y podemos saber, que el cielo es un lugar maravilloso. Nunca veremos un hospital allí, porque no habrá más enfermedad. No veremos más funerarias, porque no habrá más muerte. Jamás veremos ni sentiremos la necesidad de un centro terapéutico, porque ya no habrá más depresión, tristeza ni enfermedades mentales. Nunca veremos una patrulla, porque no habrá más delito. Sea lo que sea que quite el gozo de la vida se irá para siempre para aquellos que puedan decir con Job: «Yo sé que mi Redentor vive».

Encontramos a Jesús aquí en medio del libro de Job. Él es nuestro Redentor que vive por siempre. «Si el hombre muriere, ¿volverá a vivir?». Así es, y aquellos que han puesto su fe y confianza en Cristo, nuestro Redentor, le verán y vivirán con él en el cielo por la eternidad. Para Job, y para todos lo que somos creyentes, la muerte no se trata de dejar nuestra casa… sino de ir a nuestro hogar.

15 ENCONTRAR A JESÚS EN SALMOS

Es nuestro pastor

El Señor es mi pastor, nada me falta; en verdes pastos me hace descansar. Junto a tranquilas aguas me conduce.

—SALMOS 23:1-2, NVI

En la práctica, toda persona instruida en el mundo hispanohablante ha oído las palabras de este salmo del rey David. Estas palabras a nuestro pastor amoroso fueron pronunciadas por muchos soldados debajo de un cielo estrellado, durante una noche oscura en una trinchera en algún campo de batalla remoto. Son las palabras que muchos recitan al morir en sus lechos de aflicción. Son palabras que, como una canción de cuna para quitar el miedo, han traído esperanza y paz a millones de personas a través de los siglos.

Cuando, en un contexto galileo, Jesús dijo: «Yo soy el buen pastor; el buen pastor su vida da por las ovejas» (Juan 10:11), la mente de cada uno de los oyentes debió haberse remontado a estas palabras del salmista: «El Señor es mi pastor» (Salmos 23, NVI). Una de las imágenes más claras de Jesús en el Antiguo Testamento se encuentra aquí en este antiguo y tan conocido salmo. Las primeras cinco palabras encierran la clave y constituyen el fundamento de todo el capítulo. «El… Señor… es… mi… pastor». Una vez selladas en nuestros corazones, esas palabras nos revelarán mucho acerca de nuestra relación con este buen pastor.

Note las primeras dos palabras: «El Señor». La escritura no dice: «*Un* Señor es mi pastor». Dice: «*El* Señor es mi pastor». No existe otro Señor. Él es *preeminente*. Si usted habla de Washington, yo puedo hablar de Lincoln. Si usted habla de Beethoven, yo puedo hablar de Handel. Si usted habla de Alejandro, yo puedo hablar de Napoleón. Pero cuando se trata de Cristo, no tiene semejantes que se le comparen. ¡Solo hay un Señor!

Solo los libros celestiales han registrado la cantidad de mártires que entregaron sus vidas y se enfrentaron a la muerte porque insistían en la verdad de esas dos primeras palabras de este salmo: «El Señor». Dieron sus vidas para proclamar esta verdad: Jesús es el único y verdadero Señor.

David continuó diciendo: «El Señor *es* mi pastor». Vaya, la profundidad del significado de esta palabra de dos letras. Este buen pastor, Jesús, está conmigo ahora mismo. No está en tiempo pasado. No dice: «El Señor *fue* mi pastor». Tampoco está en tiempo futuro. No dice: «El Señor *será* mi pastor». No solo es preeminente, sino también está *presente*: «El Señor *es* mi pastor». Él está con nosotros en este preciso momento para suplir nuestras necesidades inmediatas.

Pero eso no es todo. El salmista dijo: «El Señor es *mi* pastor». Jesús es intensamente *personal*. Existe una enorme diferencia entre decir: «El Señor es *un* pastor» y «El Señor es *mi* pastor». En las circunstancias y situaciones de la vida esta pequeña palabra marca una gran diferencia. Podemos enterarnos de que el hijo de algún conocido está terriblemente enfermo, y sentiremos compasión y pena por él. Pero qué diferente sería la situación si se tratara de «mi» hijo. El salmista David no habla aquí de cualquier pastor. Este es *mi* pastor. Usted no es simplemente alguna partícula insignificante de protoplasma en este vasto despliegue de sistemas solares. Que el Dios de este universo se interese en usted y en mí de manera personal le da un propósito y significado a nuestra corta existencia en este pequeño planeta suspendido en la inmensidad del universo inconmensurable. Pronúncielo con suavidad y medite en esta verdad maravillosa: «El Señor es *mi* pastor».

> Existe una enorme diferencia entre decir: «El Señor es *un* pastor» y «El Señor es *mi* pastor».

Mil años después de que el rey David escribiera estas palabras, Jesús expuso claramente que él era aquel de quien el salmista hablaba, cuando dijo: «Yo soy el buen pastor; el buen pastor su vida da por las ovejas» (Juan 10:11). Encontramos a Jesús, nuestro Pastor-Salvador aquí en los salmos.

Descubrimos que Jesús no solo es preeminente, presente y personal, sino también es *protector*. «El Señor es mi *pastor*». Una de las tareas principales de un pastor es proteger a sus ovejas. Sin un buen pastor, las ovejas no podrían encontrar agua ni satisfacer otras necesidades vitales. El pastor está en constante vigilia, atento a la presencia de animales salvajes u otros peligros que podrían herir a sus ovejas. Un buen pastor también va en busca de la oveja que se ha descarriado del redil. ¿Acaso podría uno olvidar la historia que contó Jesús sobre la oveja perdida en Lucas 15? Sin un pastor, las ovejas están prácticamente indefensas. No pueden encontrar su camino a través de los pasos de montaña traicioneros ni correr con suficiente rapidez para escapar del depredador, ni son lo suficientemente fuertes para defenderse a sí mismas. De hecho, las ovejas no están preparadas para huir ni para luchar. Del mismo modo que las ovejas necesitan de su pastor, así también nosotros necesitamos del nuestro. Es verdad, «el SEÑOR es mi *pastor*».

Hasta el día de hoy, se puede ver a los pastores beduinos sobre los montes de Judea caminando con sus ovejas por los senderos de montaña. Siempre van delante de ellas, nunca van detrás. Esto es así porque, a diferencia de los ganaderos con su ganado, los pastores no arrean sus ovejas, sino que las guían, y las ovejas les siguen. Nuestro Señor nunca va a forzarnos o a llevarnos en contra de nuestra voluntad. Él nos guía, y todo lo que tenemos que hacer es seguirle.

Al caminar juntos a través de la Palabra de Dios, encontramos a Jesús en cada libro de la Biblia. No podremos hallar una imagen más evidente sobre él que aquí en el libro de Salmos. Él es nuestro pastor. De sus propios labios salieron estas conmovedoras palabras: «Mis ovejas oyen mi voz, y yo las conozco, y me siguen» (Juan 10:27). ¿Está usted oyéndole? ¿Está usted siguiéndole?

16 ENCONTRAR A JESÚS EN PROVERBIOS Y ECLESIASTÉS

Es nuestra sabiduría

Sabiduría ante todo; adquiere sabiduría; y sobre todas tus posesiones adquiere inteligencia.

—PROVERBIOS 4:7

«*P*orque al hombre que le agrada, Dios le da sabiduría, ciencia y gozo» (Eclesiastés 2:26). Se dice que el rey Salomón fue el hombre más sabio que haya existido. Nos dejó los libros de Proverbios y Eclesiastés del Antiguo Testamento. La sabiduría es el hilo conductor entretejido a través de las palabras de estos libros. En los treinta y un capítulos de Proverbios, las palabras *sabio* o *sabiduría* aparecen ciento diecisiete veces, y en los doce breves capítulos de Eclesiastés, encontramos estas palabras cincuenta y dos veces. La sabiduría es el eje que impregna y penetra cada página de esos «Libros de la sabiduría». El apóstol Pablo reveló que Cristo «nos ha sido hecho por Dios sabiduría» (1 Corintios 1:30). Aún más explícito, se refirió a Cristo como la «sabiduría de Dios» (1 Corintios 1:24). Encontramos a Jesús aquí en Proverbios y Eclesiastés. Él es nuestra sabiduría.

Vivimos en un mundo donde el conocimiento está literalmente al alcance de nuestras manos y aumenta a un ritmo exponencial. Internet nos trae información al instante de acontecimientos globales en tiempo real. Hoy muchos de los libros de texto quedan obsoletos y desactualizados antes de que la tinta siquiera se seque. Con tan solo un clic del ratón, tenemos acceso a más conocimiento por medio de numerosos motores de búsqueda informáticos que en cualquier otro tiempo de la historia.

Sin embargo, la sabiduría parece prácticamente inexistente. Las vidas son un caos. Los puestos, el poder y la prosperidad no han traído la paz y el propósito que prometieron. Existe una marcada diferencia entre el conocimiento y la sabiduría. El *conocimiento* es la acumulación de información. Con dedicación y determinación, cualquiera puede acumular hechos. Lo que necesitamos hoy es *sabiduría*: la capacidad para tomar esa información, discernirla y ponerla en práctica para abordar nuestras necesidades en situaciones de la vida.

Antes de que Salomón escribiera Proverbios y Eclesiastés, a sus casi veinte años, estaba a punto de ser coronado rey de Israel. No sería una tarea fácil seguir los pasos de su padre, el rey David, uno de los líderes más dinámicos y exitosos de la historia de la humanidad. Sin embargo, cuando Dios le hizo a Salomón una pregunta bastante puntual: «¿Qué es lo que quieres?» (1 Reyes 3:5, NTV), el joven acertó con la respuesta. Sus prioridades estaban en orden. No tuvo que meditar o pensar demasiado. De inmediato, respondió: «Da, pues, a tu siervo corazón entendido […] para discernir entre lo bueno y lo malo» (1 Reyes 3:9). Salomón deseaba la sabiduría de lo alto, no la de este mundo, así que su simple petición fue por sabiduría. Años más tarde, cuando redactó uno de sus proverbios, Salomón escribió: «Sabiduría ante todo; adquiere sabiduría» (Proverbios 4:7).

Por desgracia, en medio del poder desenfrenado, el foco de Salomón comenzó a cambiar lentamente. En su vejez, la amargura llenó su corazón. Escribió Eclesiastés para mostrarnos la locura de tantas cosas que consideramos tan importantes o incluso esenciales, tales como el aprendizaje, la risa, el vino, el lujo y la lujuria. Entonces, llegó a su conclusión final: «Vanidad de vanidades [...] todo es vanidad» (Eclesiastés 12:8). El último capítulo de Eclesiastés retrata la imagen de un hombre anciano cuyo corazón ya no podía oír a Dios y, por tanto, nos dejó su última petición: «Acuérdate de tu Creador en los días de tu juventud, antes que vengan los días malos» (v. 1). Salomón concluyó Eclesiastés con lo que él llamó «el fin de todo el discurso».

> Salomón deseaba la sabiduría de lo alto, no la de este mundo.

Sus palabras finales: «Porque Dios traerá toda obra a juicio, juntamente con toda cosa encubierta, sea buena o sea mala» (v. 14). La verdad siempre triunfa al final. Y Jesús es «la verdad» y la «sabiduría de Dios».

Cristo Jesús *es* nuestra sabiduría. Santiago, en el Nuevo Testamento, dijo que esa sabiduría celestial es «de lo alto» (Santiago 3:17) y ofreció una invitación: «Y si alguno de vosotros tiene falta de sabiduría, pídala a Dios, el cual da a todos abundantemente y sin reproche, y le será dada» (Santiago

1:5). La sabiduría es el regalo sobrenatural de Dios, dado a todo aquel que simplemente la pida. El apóstol Pablo reconoció esta misma verdad mientras oraba por los creyentes en Éfeso. Él oró «para que el Dios de nuestro Señor Jesucristo, el Padre de gloria, os dé espíritu de sabiduría y de revelación en el conocimiento de él» (Efesios 1:17). Mil años antes, Salomón reconoció esto cuando escribió: «Jehová da la sabiduría» (Proverbios 2:6).

Como dejó escrito Salomón, una clave para permanecer en esta sabiduría de lo alto se repite en todo el libro de Proverbios: «El temor de Jehová es el principio de la sabiduría» (Proverbios 9:10). La puerta para recibir esa sabiduría sobrenatural se abre al caminar a diario en «el temor de Jehová». ¿Quién está haciendo eso hoy? ¿Quién puede definir lo que realmente significa? Vivir en el temor de Jehová no quiere decir que Dios pondrá su mano de retribución *sobre* usted, más bien, es temer que Dios pueda quitar su mano de bendición y unción *de* su vida. Con razón Salomón concluyó el libro de Eclesiastés con estas palabras: «El fin de todo el discurso oído es este: Teme a Dios, y guarda sus mandamientos; porque esto es el todo del hombre» (12:13). Ahora, cuando el hombre más sabio que ha existido, inspirado por el mismo Espíritu Santo, dice esto, debemos prestarle atención. Vivir en el temor de Jehová es el principio del recorrido hacia la sabiduría.

Esta sabiduría, la cual todos necesitamos con desesperación, llega a nosotros por la Palabra viva, por el mismo Señor Jesucristo, que es el «poder de Dios, y sabiduría de Dios [...]

[y] el cual nos ha sido hecho por Dios sabiduría» (1 Corintios 1:24, 30). La verdadera sabiduría comienza y termina con Jesús. Llegamos a conocer esta Palabra viva por medio de su Palabra escrita, la Biblia. Por eso Pablo, en su última carta antes de ser decapitado, le escribió a Timoteo, diciendo: «Desde la niñez has sabido las Sagradas Escrituras, las cuales te pueden hacer sabio» (2 Timoteo 3:15).

En el recorrido a través de la sabiduría de Proverbios y Eclesiastés, encontramos a Jesús en cada página. Es la personificación de la sabiduría, y la dispensa de manera gratuita a todo aquel que se la pide. ¡Adelante... pídala!

17 ENCONTRAR A JESÚS EN CANTAR DE LOS CANTARES

Es nuestro esposo

Me llevó a la casa del banquete, y su bandera sobre mí fue amor [...]
Mi amado es mío, y yo suya.

—CANTARES 2:4, 16

«*C*antar de los cantares, el cual es de Salomón» (Cantares 1:1). Con estas palabras, el rey Salomón presenta una imagen poética y a veces gráfica de dos amantes que se convierten en esposo y esposa. Todos los religiosos judíos, hasta el día de hoy, leen este libro cada año durante su festividad de la Pascua, del mismo modo en que leen Ester en la celebración de Purim y Rut durante la fiesta de Pentecostés. Hay tres personajes principales en este cántico. Junto con Salomón, está la sulamita, una muchacha rural cuya belleza capturó la mirada lasciva del rey. También está el pastor que se había ganado el corazón de la muchacha, con el cual fue sincera y al que permaneció fiel.

El cántico gira en torno al amor del pastor por la joven; ella representa la iglesia, la esposa de Cristo, usted y yo; y él representa al Señor Jesús que ha ganado el corazón del creyente. La historia es rica en tipología y simbolismo en cada página. A pesar de la influencia negativa de la familia, los esfuerzos de Salomón y de su harén por conquistarla y su aprisionamiento virtual temporario, la pareja permanece fiel durante toda la saga. No tenemos razones para dudar de la validez histórica de la narración, pero el verdadero mensaje está embebido en las lecciones espirituales arraigadas en cada uno de sus versos.

Cantar de los Cantares halló su lugar en el canon de las Sagradas Escrituras como un retrato del amor de Cristo, el esposo, por su iglesia, la esposa. Este tema lo ilustra Pablo en el tratamiento sobre la relación entre cónyuges en la epístola de Efesios (5:25-33). Después de exponer su lista detallada de las responsabilidades de un esposo y una esposa, Pablo se centró en el corazón de la cuestión cuando dijo: «Grande es este misterio; mas yo digo esto respecto de Cristo y de la iglesia» (v. 32). Pablo no se refirió a un misterio en el sentido de algo vago y misterioso; en cambio, hablaba de un secreto sagrado, una revelación divina. La iglesia era desconocida para aquellos en el Antiguo Testamento, y no podremos entender el amor de Cristo por su iglesia hasta que podamos comprender los deberes conyugales.

El misterio al cual Pablo se refirió se remonta al huerto del Edén, cuando Dios provocó un sueño profundo sobre Adán y formó a su esposa de una de sus costillas (Génesis 2:21-22). Ella era hueso de sus huesos y carne de su carne. En la cruz, Dios hizo caer un sueño profundo sobre Jesús, y de su costado herido salió su esposa, la iglesia. Este es el «gran misterio». Él habla sobre Cristo y la iglesia. Mi relación con mi esposa y su relación con su cónyuge deberían ser una representación de esto. Y en ninguna otra parte de toda la Biblia se revela de una manera más bella que aquí en Cantares.

No existe una unión en la tierra más íntima y más sagrada que la unión entre cónyuges. Sin embargo, incluso esa relación nos proporciona solo un destello de la profunda relación íntima entre nosotros y el Señor. El Señor Jesús es mi esposo. Es el amado de mi alma. Es el que conquistó mi corazón. Y yo soy su esposa. Esto significa que comparto su amor. En reiteradas ocasiones en Cantar de los Cantares, la esposa llama al esposo su «amado». Esto es algo hermoso que comparten entre sí. Nosotros, como creyentes, compartimos el amor de nuestro Señor por nosotros y nuestro amor por él. Esto también significa que desde ahora en adelante compartimos su nombre. Es lo que hace una esposa cuando se casa. Sin ninguna vergüenza toma el nombre de su esposo. Piense al respecto. Somos llamados «cristianos» por esta misma razón.

> El Señor Jesús es mi esposo. Es el amado de mi alma.

Esta historia de amor concluye con la llegada del pastor (Cantares 8:5-14). Ellos intercambian sus votos de amor para siempre. Mientras leemos estas palabras, nuestros corazones se tornan a la venida de nuestro esposo, el Señor Jesús. El libro termina con una sencilla petición por parte de la esposa: «Tu voz; házmela oír» (v. 13). La última petición del pastor es oír la voz de su esposa hablándole palabras de amor solo a él. Cuánto nuestro Señor anhela hoy oír nuestra voz mientras le susurramos palabras de amor al oído.

Cuando el Cristo resucitado se le apareció a los discípulos camino a Emaús y «comenzando desde Moisés, y siguiendo por todos los profetas, les declaraba *en todas las Escrituras* lo que de él decían» (Lucas 24:27, énfasis añadido), no sabemos específicamente qué cosas les señaló. Sin embargo, debo preguntarme si Jesús habrá mencionado este Cantar de los Cantares. Casi que puedo oírle decir: «Todo se trata de mí... y todo de ti. Soy tu esposo. Te amo con un amor inagotable y anhelo que me devuelvas ese mismo amor. Déjame oír tu voz». Adelante. Diga: «Te amo, Señor». Vuelva a leer Cantar de los Cantares y encontrará a Jesús en cada versículo. Él es nuestro esposo.

18 ENCONTRAR A JESÚS EN ISAÍAS

Es el siervo afligido

Mas él herido fue por nuestras rebeliones, molido por nuestros pecados [...] Todos nosotros nos descarriamos como ovejas, cada cual se apartó por su camino; mas Jehová cargó en él el pecado de todos nosotros [...] Como cordero fue llevado al matadero; y como oveja delante de sus trasquiladores, enmudeció, y no abrió su boca.
—ISAÍAS 53:5-7

A través de este recorrido por el Antiguo Testamento, hemos estado encontrando a Jesús en cada libro de la Biblia. El sol de la revelación redentora de Dios comenzó a elevarse y a proyectar sus sombras desde Génesis, donde encontramos a Jesús como el sacrificio sustitutivo, el carnero en el altar de Abraham. Este sol naciente continuó su ascenso hasta llegar a Éxodo, y allí en el capítulo 12 volvemos a encontrar a Jesús, nuestro cordero de Pascua. La sangre de ese sacrificio inocente significaba para los israelitas lo que la sangre de Cristo significa para nosotros: libertad de la esclavitud y liberación de la muerte. Cuando llegamos aquí a la profecía de Isaías, el sol de la revelación de Dios proyecta una sombra perfecta de nuestro Mesías venidero, el Señor Jesús. De manera minuciosa, Isaías 53 describe la agonizante muerte de nuestro siervo afligido, Jesús.

Isaías escribió estas palabras siete siglos antes de la venida de Cristo. Y aun así, Dios quitó el velo y le permitió al profeta ver el sacrificio futuro del Mesías como si ya hubiese sucedido. Escribió estas palabras proféticas en tiempo pasado: «Él herido *fue* [...] El castigo de nuestra paz *fue* sobre él [...] Como cordero *fue* llevado al matadero» (Isaías 53:5-7, énfasis añadido). Nos da la impresión de que Isaías estaba parado allí en la cruz, junto con María y Juan, tomando muchas notas, un testigo ocular del mayor acontecimiento de la historia de la humanidad. El capítulo cincuenta y tres de Isaías es el retrato más evidente de Cristo en todo el Antiguo Testamento.

No solo encontramos un retrato perfecto y conmovedor de Jesús en este capítulo de la Escritura, sino que además vemos un retrato muy revelador de nosotros mismos. El profeta dijo: «Todos nosotros nos descarriamos como ovejas, cada cual se apartó por su camino» (v. 6). Esta expresión metafórica se usa en repetidas ocasiones a lo largo de la Escritura. La única manera de comprender el profundo significado de este pasaje es conocer acerca de cómo, de hecho, nos asemejamos a estas criaturas lanudas.

Primer hecho: Las ovejas van sin dirección. Tienden a andar sin rumbo por las colinas sin ningún sentido de la orientación. De la misma manera, muchos de nosotros parecemos ir por la vida sin un sentido real de orientación, carentes de cualquier propósito aparente.

Segundo hecho: Las ovejas son indefensas. Casi todos los animales tienen algún tipo de mecanismo de defensa. Los conejos corren. Los perros muerden. Los gatos rasguñan. Las abejas pican. Los puercoespines pinchan. Las cabras embisten. Los zorrillos… bueno, usted me entiende. Pero ¿las ovejas? No están preparadas para luchar ni para huir. Los hombres y mujeres sin Cristo son indefensos y batallan sin esperanza contra las «asechanzas del diablo» (Efesios 6:11). No están equipados para luchar ni para huir de un ataque.

> Los hombres y mujeres sin Cristo son indefensos y batallan sin esperanza contra las «asechanzas del diablo» (Efesios 6:11).

Dado que todos somos «como ovejas» y que «cada cual se apartó por su camino», Dios debe venir a rescatarnos. ¡Y así ha hecho! Por eso leemos: «Mas Jehová cargó en él el pecado de todos nosotros» (Isaías 53:6). No existe una explicación más clara de lo que aconteció en la cruz que estas palabras de Isaías. Descubrimos mucho acerca de su sacrificio por nosotros en este capítulo.

En primer lugar, fue *voluntario*: «No abrió su boca» (Isaías 53:7). Jesús hizo eco de este pensamiento cuando dijo: «Yo pongo mi vida […] Nadie me la quita, sino que yo de mí mismo la pongo» (Juan 10:17-18).

La muerte de Cristo no solo fue voluntaria, sino que también fue *vicaria*. «Mas Jehová cargó en él el pecado de todos nosotros» (Isaías 53:6). Él murió en mi lugar y en su lugar. Sufrió nuestra muerte en ese momento y allí, a fin de que pudiéramos vivir aquí y ahora. Tomó nuestros pecados, para que pudiéramos tomar su justicia.

La muerte de Cristo también fue *vital*. Era necesaria. Los sacrificios de un millón de toros y de machos cabríos no podían quitar nuestros pecados. De hecho, Isaías concluyó al decir: «Con todo eso, Jehová quiso quebrantarlo» (Isaías 53:10). Esto es difícil de decir. Dios no se complacía en mirar la agonía, el sufrimiento y la muerte de su Hijo unigénito. No, y mil veces ¡no! Lo que le agradaba al Padre era que, cuando el sufrimiento y el sacrificio acabaran, existiría la posibilidad de una relación con todo aquel que se acercara a él por medio de la fe en su Hijo, para recibir el regalo de la vida abundante y eterna.

En el retrato más evidente y concreto de toda la Biblia, encontramos a Jesús en el libro de Isaías, caminando por cada versículo de esta profecía. Él es el Cristo… el que quitó nuestros pecados… el Hijo del Dios vivo.

19 ENCONTRAR A JESÚS EN JEREMÍAS Y LAMENTACIONES

Es nuestro profeta que llora

¡Oh, si mi cabeza se hiciese aguas, y mis ojos fuentes de lágrimas, para que llore día y noche los muertos de la hija de mi pueblo!

—JEREMÍAS 9:1

Dios levantó al profeta Jeremías unos cuarenta años antes de que los babilonios destruyeran y saquearan la ciudad santa de Jerusalén. Repetidas veces, entre lágrimas, Jeremías le suplicó a su pueblo que se arrepintiera para evitar el desastre venidero. Su profundo lamento se registra en el libro que ahora conocemos como Lamentaciones, el más triste de todos los libros de la Biblia, escrito por el más quebrantado de todos sus autores. Con razón Jeremías lleva el sobrenombre de «el profeta llorón». Si tuviéramos los manuscritos originales de estos dos libros, probablemente encontraríamos página tras página manchadas con sus lágrimas.

Jeremías estaba tan lleno de tristeza que se lamentaba: «Aun cuando clamé y di voces, cerró los oídos a mi oración […] Perecieron mis fuerzas, y mi esperanza en Jehová» (Lamentaciones 3:8, 18). Sin embargo, antes de perder la fe, sensibilizado por su recuerdo de la fidelidad de Dios, Jeremías nos recordó que «por la misericordia de Jehová no hemos sido consumidos, porque nunca decayeron sus misericordias.

Nuevas son cada mañana; grande es tu fidelidad. Mi porción es Jehová […] por tanto, en él esperaré» (Lamentaciones 3:22-24).

Jeremías era la manifestación física de la realidad de cómo Dios se sentía por haber juzgado a su propio pueblo a causa de sus pecados y rebeliones. Y por eso lloró y, también nosotros, a través de estos dos libros que nos dejó. No es de extrañar que encontráramos a Jesús en más de una ocasión llorando en los Evangelios. Detrás del versículo más corto de toda la Biblia: «Jesús lloró» (Juan 11:35), descubrimos que Jesús es nuestro profeta que llora.

En las dos ocasiones que encontramos a nuestro Señor llorando, estaba en el monte de los Olivos, situado frente a Jerusalén, la misma ciudad por la cual Jeremías lloró. En la tumba de Lázaro, Jesús lloró, aunque no a causa de la muerte de Lázaro. De hecho, Jesús resucitó a Lázaro con el fin de preparar a sus discípulos para su propia resurrección. En cambio, Jesús lloró porque las dos hermanas de Lázaro, María y Marta, estaban angustiadas y llorando. Las lágrimas tocaron el corazón de Dios… sus lágrimas… mis lágrimas. A nuestro gran Dios le conmueven nuestros corazones quebrantados y llora con nosotros. Jesús sabía que sus lágrimas no necesitaban un intérprete. Fueron una clara manifestación de su amor y compasión. Somos bendecidos por servir a un Señor que llora con nosotros por nuestras aflicciones, que se conmueve por nuestros corazones quebrantados.

> Detrás del versículo más corto de toda la Biblia: «Jesús lloró» (Juan 11:35), descubrimos que Jesús es nuestro profeta que llora.

Sobre la ladera occidental del monte de los Olivos, vemos que Jesús vuelve a llorar. Esta vez por nuestros pecados, turbado a causa de nuestra ceguera espiritual. Para muchos, el Domingo de Ramos tenía que ver con la multitud, los gritos de hosanna, la entrada triunfal, la concentración. Pero todo eso era una farsa. Y nuestro Señor lo sabía. Después de unos pocos días, esa misma multitud desaparecería y aquellos remanentes tornarían sus aplausos en abucheos. Montado sobre un pollino, descendiendo por el monte de los Olivos entre la muchedumbre y los hosannas, podemos pensar que estaría sonriendo y saludando a la multitud que le adoraba. Pero observe con atención: «Y cuando llegó cerca de la ciudad, al verla, lloró sobre ella» (Lucas 19:41). ¿Puede oírlo a través de sus lágrimas? «¡Oh, si también tú conocieses, a lo menos en este tu día, lo que es para tu paz! Mas ahora está encubierto de tus ojos» (Lucas 19:42).

Y entonces nuestro Señor se sentó en el monte de los Olivos aquel día y lloró, derramó su corazón por nuestros pecados y nuestra negligencia. Al Señor Jesús aún le conmueven nuestros corazones quebrantados y se turba por nuestra ceguera espiritual. Las lágrimas se mencionan por última vez en la Biblia en Apocalipsis 21:4, donde se nos revela una escena hermosa que sucederá en el cielo: «Enjugará Dios toda lágrima de los ojos de ellos». Esta es nuestra esperanza. El rey David lo expresó así: «Porque un momento será su ira, pero su favor dura toda la vida. Por la noche durará el lloro, y a la mañana vendrá la alegría» (Salmos 30:5).

20 ENCONTRAR A JESÚS EN EZEQUIEL

Es nuestra gloria

Y me alzó el Espíritu y me llevó al atrio interior; y he aquí que la gloria de Jehová llenó la casa.

—EZEQUIEL 43:5

Si bien Dios usó a Jeremías para advertir al pueblo de Jerusalén sobre su destrucción venidera, también usó a Ezequiel para ser su voz profética durante los días de exilio en el cautiverio babilónico. Junto con Daniel y Apocalipsis, el libro de Ezequiel está lleno de visiones, sueños, simbolismos, alegorías, profecías y parábolas. Dios habló a través de las varias visiones de Ezequiel para recordarle a su pueblo que aunque estaban lejos de su ciudad santa, aún debían sujetarse a las leyes y estatutos de Dios. Ezequiel daba mensaje tras mensaje de advertencia al pueblo de Dios, pero envolvía cada uno de ellos con un lazo de esperanza.

El tema principal y recurrente de Ezequiel se centraba en exaltar la gloria de Dios. Él cuenta cómo Dios les había quitado su posesión más preciada, aquello mismo de lo cual eran tan dependientes: la presencia de Dios en medio de ellos. Esa presencia había estado con ellos desde los días en que vagaban por el desierto y durante los años de adoración en el templo donde su gloria *shekinah* visitaba el lugar santísimo. Las palabras de Ezequiel relatan cómo la gloria de Dios abandonó el lugar santísimo (Ezequiel 9:3). Desde el templo, Ezequiel reveló cómo la gloria de Dios se trasladó a la entrada de la puerta oriental (Ezequiel 10:19) y, por último, cómo se elevó sobre el monte de los Olivos hacia el oriente (Ezequiel 11:23).

Poco tiempo después de que Dios quitara su gloria, el templo fue destruido y esta nunca regresó, *hasta* que... en una noche estrellada, en Belén, como Juan describió: «el Verbo era con Dios, y el Verbo era Dios... Y aquel Verbo fue hecho carne, y habitó entre nosotros (y vimos su gloria, gloria como del unigénito del Padre), lleno de gracia y de verdad» (Juan 1:1, 14). Y por medio de su muerte y resurrección, y la venida del Espíritu Santo a morar en el creyente, Jesús abrió un camino para la gloria de Dios, a fin de que una vez más pudiera habitar con su pueblo. Jesús es la gloria de Dios morando en un cuerpo humano. Su gran oración intercesora durante la noche previa a la crucifixión resuena hasta el día de hoy: «Padre, aquellos que me has dado, quiero que donde yo estoy, también ellos estén conmigo, para que vean mi gloria que me has dado; porque me has amado desde antes de la fundación del mundo» (Juan 17:24).

Ezequiel concluyó su profecía al describir que llegará un día cuando el pueblo redimido de Dios adorará en un nuevo templo milenario y luego en un edificio no hecho con manos, en la nueva Jerusalén. Hasta entonces, Dios, que una vez tuvo un templo para su pueblo, ahora tiene un pueblo para su templo: usted y yo. «¿O ignoráis que vuestro cuerpo es templo del Espíritu Santo, el cual está en vosotros, el cual tenéis de Dios, y que no sois vuestros?» (1 Corintios 6:19). En el idioma del Nuevo Testamento, existen dos palabras griegas distintas que fueron traducidas al español como *templo*. Una de ellas describe todo el Monte del Templo, incluso el pórtico del templo, donde Jesús echó fuera a los cambistas (Marcos 11:15). La otra describe solo el santuario interior, el lugar santísimo, el más santo de todos los lugares, donde la gloria *shekinah* de Dios llenaba la habitación cuando visitaba a su pueblo.

> Usted es el lugar santísimo de Dios. Usted es su lugar de adoración.

Cuando la Biblia habla de que nuestro cuerpo es hoy el «templo» del Espíritu Santo, es esta última palabra la que se usa para describirlo. Esto no solo es un pensamiento asombroso, sino una realidad maravillosa. Usted es el lugar santísimo de Dios. Usted es su lugar de adoración, donde habita su gloria. Ahora mismo. Cristo en usted. Jesús es la manifestación de la gloria de Dios. Con razón las Escrituras nos recuerdan que «habéis sido comprados por precio; glorificad, pues, a Dios en vuestro cuerpo y en vuestro espíritu, los cuales son de Dios» (1 Corintios 6:20).

A través de las páginas de Ezequiel, encontramos a Jesús… a veces en figura, a veces en visiones, a veces en sueños, y siempre en profecías. Pero en primer lugar lo encontramos como la misma gloria de Dios que hoy anhela llenar nuestras vidas como una vez llenó el lugar santísimo con su presencia permanente. Tenemos algo que los oyentes de la profecía de Ezequiel no tenían, y es la promesa de la presencia continua de Cristo, pues nos la dejó con estas últimas palabras: «Yo estoy con vosotros todos los días, hasta el fin del mundo» (Mateo 28:20).

Todo aquel que se haya acercado a Cristo por el perdón de sus pecados y confiado en su obra completa en la cruz conoce la realidad de la promesa de Dios dada en Ezequiel 11:19-20: «Y les daré un corazón, y un espíritu nuevo pondré dentro de ellos; y quitaré el corazón de piedra de en medio de su carne, y les daré un corazón de carne, para que anden en mis ordenanzas, y guarden mis decretos y los cumplan, y me sean por pueblo, y yo sea a ellos por Dios». La vida cristiana no es una vida cambiada, sino *transformada*. Cristo quita nuestro viejo corazón y nos da uno nuevo. Sin lugar a duda, encontramos a Jesús en Ezequiel... ¡Él es la manifestación de la gloria de Dios!

21 ENCONTRAR A JESÚS EN DANIEL

Es el cuarto varón en el horno de fuego

Entonces el rey Nabucodonosor se espantó, y se levantó apresuradamente y dijo a los de su consejo: ¿No echaron a tres varones atados dentro del fuego? Ellos respondieron al rey: Es verdad, oh rey. Y él dijo: He aquí yo veo cuatro varones sueltos, que se pasean en medio del fuego sin sufrir ningún daño; y el aspecto del cuarto es semejante a hijo de los dioses.

—DANIEL 3:24-25

*E*n ocasiones, a lo largo de la historia, ha habido quienes han defendido sus creencias frente a presiones culturales enormes, incluso arriesgando al extremo sus propias vidas. En el tercer capítulo del libro de Daniel, encontramos a Sadrac, Mesac y Abed-nego como protagonistas. El rey Nabucodonosor hizo una estatua de oro y la levantó en el campo de Dura. En el día y hora asignados, todos se reunieron allí y se les ordenó que se postrasen y adorasen la estatua dorada. Estos tres jóvenes hebreos se negaron y tuvieron que enfrentar el terrible destino de ser echados en medio de un horno de fuego a causa de su insubordinación.

La emocionante liberación de la muerte certera de estos tres hombres sirve como consuelo y desafío para cada uno de nosotros que vivimos en una cultura cada vez más intolerante con nuestra fe cristiana. Esta es una historia de fe que triunfa sobre el temor. Es una historia de valentía que triunfa sobre la cobardía. Es una historia de convicción que triunfa sobre la transigencia. Estos tres varones viven hoy en nuestra memoria, para enseñarnos algunas lecciones de vida valiosas. Dios, por ejemplo, no nos promete que cuando le obedezcamos, evitaremos nuestras propias experiencias en el horno de fuego. Tampoco guardó de la prueba a estos tres fieles seguidores; en cambio, hizo algo mejor. Entró allí con ellos, soltó sus ataduras y los libró... y hará lo mismo por usted y por mí.

> Dios [...] no nos promete que cuando le obedezcamos, evitaremos nuestras propias experiencias en el horno de fuego.

Cuando el rey los confrontó por no haberse postrado ante la estatua, Sadrac, Mesac y Abed-nego tuvieron una respuesta inmediata. No tenían que pensar acerca de sus opciones. Su respuesta ante la indagación del rey con respecto a la verdad de su incumplimiento de postrarse ante la estatua reveló una perspectiva asombrosa: «Sadrac, Mesac y Abed-nego respondieron al rey [...] He aquí nuestro Dios a quien servimos puede librarnos del horno de fuego ardiendo; y de tu mano, oh rey, nos librará. Y si no, sepas, oh rey, que no serviremos a tus dioses, ni tampoco adoraremos la estatua que has levantado» (Daniel 3:16-18).

Nunca dudaron de la capacidad de Dios para librarlos. Estaban convencidos de que podía librarlos. El verdadero secreto de su perspectiva positiva se encuentra en las tres pequeñas palabras que quedaron registradas en Daniel 3:18 para toda la posteridad: «*Y si no*». Su fe estaba puesta solo en Dios y no en si los libraba o no. Hoy algunos parecen pensar que si son librados de una experiencia en el horno de fuego, entonces todos deberían unirse en la celebración. *Y si no...* si no son librados, deberían encontrar en secreto un lugar para ocultarse a fin de no dañar la reputación de Dios. No olvidemos que el mismo Dios que bendijo tanto a Job también le quitó mucho. El mismo Dios que milagrosamente liberó a Simón Pedro de la cárcel, permitió que Jacobo fuera asesinado con la espada de Herodes en el mismo capítulo de Hechos. Es interesante notar que los tres hebreos, cuando tuvieron que enfrentarse a una situación de vida o muerte, nunca le pidieron a Dios que los librase. Solo dependieron de él y de su soberana voluntad para sus vidas.

Más adelante en la historia, encontramos a nuestros amigos en un punto caliente, «dentro del horno de fuego ardiendo» (Daniel 3:21). Estaban afirmados en la promesa que Dios nos dio a través de Isaías: «Cuando pases por el fuego, no te quemarás, ni la llama arderá en ti» (Isaías 43:2). Sin lugar a duda, Dios pudo haber librado a Sadrac, Mesac y Abed-nego del horno de fuego, pero tenía un mejor plan. Librarnos *de* las experiencias en el horno no es tan significativo como librarnos *en* el horno de fuego. Dios los libró, sin un cabello de sus cabezas quemado, e hizo que el rey mismo declarara: «Bendito sea el Dios de ellos, de Sadrac, Mesac y

Abed-nego, que envió su ángel y libró a sus siervos que confiaron en él» (Daniel 3:28).

Estos tres jóvenes no se inclinaron ante la transigencia, ni tampoco ante la cobardía. Por consiguiente, no se quemaron en el horno. El rey se acercó para mirar dentro del horno y se espantó. «He aquí yo veo cuatro varones sueltos, que se pasean en medio del fuego sin sufrir ningún daño; y el aspecto del cuarto es semejante a hijo de los dioses» (Daniel 3:25). Esta declaración nos invita a una breve clase de matemática. ¿Cuántos entraron en el horno de fuego? Tres. ¿A cuántos vio el rey cuando echó un vistazo? Cuatro. ¿Cuántos salieron del horno? Tres. ¿Qué nos dice esto? Nuestro Señor Jesús está siempre con nosotros. Cuando nos encontramos atravesando nuestras propias experiencias en el horno, si miramos con atención, veremos a Jesús caminando en las llamas con nosotros.

Encontramos a Jesús justo aquí en el libro de Daniel. Él es el cuarto varón en medio del horno de fuego ardiente. En efecto, Dios tiene el control. Aún puede librarnos. Su dedo está en el termostato. Nunca nos dejará ni nos desamparará.

22 ENCONTRAR A JESÚS EN OSEAS

Es el roció para su pueblo

Yo seré a Israel como rocío.

—OSEAS 14:5

seas 14:5 nos ofrece una de las promesas más notables y reveladoras de toda la Escritura. Dios promete que será como el «rocío» para su pueblo. Cuando nos levantamos de madrugada y observamos el rocío que cubre nuestro jardín delantero, deberíamos verlo como un recordatorio de esta preciosa promesa. ¿De dónde proviene el rocío? ¿Acaso el rocío cae o se levanta? Antes de apresurarnos a responder, la respuesta es ninguna. El rocío simplemente aparece cuando ciertas condiciones son las correctas. Hay una palabra para ello: *condensación*. Y así sucede con nuestro Señor que es «como rocío» para su pueblo. Oramos: «Señor, desciende sobre nosotros». O «Señor, levántate en medio de nosotros». Pero no. El Señor se manifiesta con poder cuando las condiciones son las correctas en nuestras vidas.

En esta sola oración, donde encontramos una lección práctica sobre el rocío, Oseas nos enseña el poder del perdón. De hecho, todo el mensaje de Oseas aborda la importancia de perdonar a aquellos que nos han ofendido. Israel se había comportado como una ramera al apartarse del Señor e ir detrás de otros falsos dioses paganos (Oseas 1:2). Dios usó a Oseas y a su esposa, Gomer, para ilustrar la verdad de su relación con el pueblo escogido. En repetidas ocasiones, ella le fue infiel a Oseas con una relación ilícita y sórdida tras otra. Al final, cayó tan bajo en su rebelión y en su posición social dentro de la comunidad que fue vendida como esclava. En el deseo de ilustrar su amor perdonador para con su pueblo—aun cuando deliberadamente había sido infiel—, Dios ordenó a Oseas ir en busca de su esposa con el mismo amor perdonador e inagotable, aunque fuera una adúltera. Así que Oseas se aventuró al mercado de esclavos y compró a Gomer para sí. En lugar de acusarla o darle un discurso sobre «¿Cómo pudiste hacer esto?», Oseas la vistió y la llevó a su hogar, con la intención de mostrarle su amor y su perdón, y volver a conquistar su corazón.

Así como Oseas compró a Gomer del mercado, Cristo entró en el mercado en donde éramos esclavos del pecado. Nosotros también hemos fornicado al darle la espalda a aquel que nos ama como nunca nadie nos amó ni nos amará. El precio que pagó para librarnos de nuestra esclavitud no fue con plata ni oro; sin embargo, fue el precio más alto que se haya pagado por alguien o algo: su propia sangre. Pedro lo expresó así: «Y si invocáis por Padre a aquel que sin acepción de personas juzga según la obra de cada uno, conducíos en temor todo el tiempo de vuestra peregrinación; sabiendo que fuisteis rescatados de vuestra vana manera de vivir, la cual recibisteis de vuestros padres, no con cosas corruptibles, como oro o plata, sino con la sangre preciosa de Cristo, como de un cordero sin mancha y sin contaminación» (1 Pedro 1:17-19). Nos rescató, vistió nuestros cuerpos desnudos con su propia justicia, y un día nos cubrirá con vestiduras blancas sin mancha y nos presentará perfectos delante del trono de su Padre.

La historia de Oseas trata sobre el increíble poder del perdón. Perdonar a otros tiene un efecto liberador sobre nosotros y nos brinda un bienestar mucho mayor que en aquel al que perdonamos. Demasiados de nosotros tenemos la costumbre de hacer la oración que comúnmente se conoce como el «padrenuestro». La hacemos en voz alta todos juntos en un culto. Susurramos sus palabras en tiempos de ansiedad o temor. Pero ¿somos en realidad sinceros cuando oramos: «Perdónanos como también nosotros perdonamos»? Muchos de los que nos hemos sentido ofendidos decimos: «Está bien, la perdonaré, pero no tendré nada más que ver con ella». O decimos: «Lo perdonaré pero nunca voy a olvidar lo que me hizo». ¿Es en realidad la manera en que queremos que Dios nos perdone cuando hacemos esta oración modelo? Jesús fue claro cuando trató sobre la necesidad de sus seguidores de desatar el poder del perdón. En un monte de pastizales verdes en Galilea, les dijo: «Porque si perdonáis a los hombres sus ofensas, os perdonará también a vosotros vuestro Padre celestial; mas si no perdonáis a los hombres sus ofensas, tampoco vuestro Padre os perdonará vuestras ofensas» (Mateo 6:14-15). Y aquello que nuestro Señor predicó en aquel monte en Galilea, lo puso en práctica en un monte llamado Gólgota. Mientras clavaban sus pies y sus manos para sujetarlo a la cruz, Jesús repetía: «Padre, perdónalos, porque no saben lo que hacen» (Lucas 23:34).

El mensaje de Oseas para cada uno de nosotros es que hay un poder liberador en el acto de perdón. Algunos de nosotros nos preguntamos por qué vivimos fuera de la bendición y provisión de Dios. ¿Podría ser que hay alguien, en algún lugar, a quien necesitamos perdonar? Y cuando perdonemos, el Señor se volverá como «rocío» para nosotros. No necesitaremos orar: «Oh, Señor, desciende sobre mí». Tampoco necesitaremos orar: «Oh, Señor levántate y bendíceme». Cuando ciertas condiciones son las adecuadas en nuestras vidas —como perdonar a otros—, él solo aparecerá como rocío. Aquí, en medio de esta profecía ancestral conocida como Oseas, encontramos a Jesús. Y hasta el día de hoy sigue siendo «como rocío».

> ¿Somos en realidad sinceros cuando oramos: «Perdónanos como también nosotros perdonamos»?

ENCONTRAR A JESÚS EN JOEL

*Es aquel que nos bautiza
con el Espíritu Santo*

*Y después de esto derramaré mi Espíritu sobre toda carne, y
profetizarán vuestros hijos y vuestras hijas; vuestros ancianos
soñarán sueños, y vuestros jóvenes verán visiones. Y también sobre
los siervos y sobre las siervas derramaré mi Espíritu en aquellos días
[...] Y todo aquel que invocare el nombre de Jehová será salvo.*

—JOEL 2:28-29, 32

En el día de Pentecostés, Pedro se paró frente al pueblo en el Monte del Templo y declaró que esta profecía que le fue dada a Joel hacía más de ochocientos años iba a cumplirse delante de sus propios ojos. Dios derramó su Espíritu, acompañado por manifestaciones asombrosas, tal como Joel lo había profetizado. Pedro declaró: «Sepa, pues, ciertísimamente toda la casa de Israel, que a este Jesús a quien vosotros crucificasteis, Dios le ha hecho Señor y Cristo» (Hechos 2:36). Óigalo decir de manera categórica: «Mas esto es lo dicho por el profeta Joel» (Hechos 2:16). Pedro no dejó duda alguna de que invocar el nombre de Jehová, como Joel había profetizado, era invocar el nombre de Jesús.

En el día de Pentecostés, los seguidores de Cristo estaban «todos unánimes juntos» (Hechos 2:1), fueron «todos llenos del Espíritu Santo» (Hechos 2:4) y fueron «todos bautizados en un cuerpo» (1 Corintios 12:13). Así nació la iglesia, el cuerpo de Cristo. El Pentecostés, con la venida del Espíritu Santo para morar en los creyentes, al igual que Belén, fue un acontecimiento único que no necesita repetirse. Fue como el Calvario, el cual también fue un acontecimiento puntual e irrepetible. En Belén, vemos a Dios *con* nosotros. En el Calvario, vemos a Dios *por* nosotros. En Pentecostés, vemos a Dios *en* nosotros.

Aquello que Joel profetizó y los primeros creyentes experimentaron no fue un bautismo *del* Espíritu Santo, sino un bautismo *por* el Espíritu Santo en el cuerpo de Cristo: «Porque por un solo Espíritu fuimos todos bautizados en un cuerpo» (1 Corintios 12:13). El Espíritu Santo es el Bautista que, tras nuestra conversión, nos sumerge en el cuerpo de Cristo. Durante treinta y tres años, el mundo pudo ver el cuerpo físico de Cristo. Con sus pies caminó entre nosotros, a veces entre grandes multitudes, otras veces en la soledad de un alma sedienta. De sus labios salieron las palabras más tiernas y conmovedoras que jamás se hayan hablado. A través de sus ojos penetrantes, miraba profundamente los rincones ocultos de los corazones. Con sus oídos escuchaba con paciencia los ruegos por misericordia. Con sus manos tocaba a los más necesitados.

Hoy, usted y yo somos el «cuerpo de Cristo» visible, y estamos siendo observados por un mundo sediento y desesperadamente necesitado de su toque. Cada uno de nosotros ocupa un lugar especial en el cuerpo de Cristo. Al igual que sucede con nuestro cuerpo, cuando un miembro sufre, afecta todo el organismo. Usted es de vital importancia para Dios, y el cuerpo de Cristo nunca estará completo si no cumple el propósito para el que fue llamado. Usted tiene una función en el cuerpo de Cristo que nadie más puede realizar de la misma manera.

Suele afirmarse que la iglesia era un misterio, un secreto oculto sin revelar a los escritores del Antiguo Testamento y a los santos. Sin embargo, por un instante, Dios quitó el velo y permitió que Joel viera lo que había de venir. Entonces este hombre tomó una pluma en su mano y comenzó a escribir. Se acercaría el tiempo que daría comienzo a los «últimos días» cuando Dios derramaría su Espíritu sobre toda carne. Desde ese día en adelante, hasta la gloriosa segunda venida de Cristo, el Espíritu bautizaría a cada creyente en el cuerpo de Cristo. ¿Y el resultado? En las propias palabras de Joel: «Y todo aquel que invocare el nombre de Jehová será salvo» (Joel 2:32). Y fiel a su palabra, ¡así ha sucedido! En uno de los versículos más citados del Nuevo Testamento, el apóstol Pablo tomó prestadas estas palabras de Joel cuando les escribió a los creyentes en Roma, y a nosotros, diciendo: «Porque todo aquel que invocare el nombre del Señor, será salvo» (Romanos 10:13).

Encontramos a Jesús aquí en el libro de Joel. Él es aquel que nos bautiza con el Espíritu Santo. Y estas antiguas palabras siguen siendo ciertas… «Todo aquel que invocare el nombre de Jehová será salvo».

24 ENCONTRAR A JESÚS EN AMÓS

Es nuestra plomada de albañil

Me enseñó así: He aquí el Señor estaba sobre un muro hecho a plomo, y en su mano una plomada de albañil. Jehová entonces me dijo: ¿Qué ves, Amós? Y dije: Una plomada de albañil. Y el Señor dijo: He aquí, yo pongo plomada de albañil en medio de mi pueblo Israel.

—AMÓS 7:7-8

El profeta Amós usó la imagen vívida de una plomada de albañil para advertir al pueblo del reino del norte de Israel que Dios tiene un estándar justo con el cual juzgará a su pueblo. Una plomada es una cuerda con un peso que se sujeta al extremo de esta. Cuando se sostiene la cuerda de tal manera que el peso cuelgue libremente, llega un momento en que se detiene a fin de lograr una línea vertical exacta. Los carpinteros todavía usan las plomadas para que sus trabajos queden rectos y en línea. En esencia, la plomada de albañil aplica la ley de gravedad exacta de Dios para hallar ángulos rectos. Una plomada nunca cambia ni se mueve con los deseos o caprichos del carpintero. Siempre permanece exacta, y todos los trabajos deben alinearse con esta o corren el riesgo de quedar torcidos o fuera de escuadra.

Jesús, la plomada de albañil de Dios, descendió del cielo para habitar en medio nuestro. No solo estableció un estándar al cumplir con todas las exigencias justas de las leyes de Dios, sino que también¡él *es* el estándar! Él *es* nuestra plomada de albañil. Se revistió de carne humana y vivió una vida perfecta sin contaminarse con el pecado del mundo. Cumplió con todas las demandas justas de la ley. Y la verdad es que ninguno de nosotros está a la altura. Todos estamos «fuera de eje». A diferencia de él, hemos pecado (Romanos 3:23) y no podemos alcanzar las demandas de justicia de Dios. Él sostiene su plomada al costado de nuestras vidas y nos pregunta: «¿Cómo te mides?». No puede ignorar ni ignorará nuestro pecado.

El salmista hizo una pregunta profunda e inquisitiva: «¿Quién subirá al monte de Jehová? ¿Y quién estará en su lugar santo?» (Salmos 24:3). Y tras formular la pregunta, proveyó la respuesta: «El limpio de manos y puro de corazón» (Salmos 24:4). Esta es la plomada de Dios: nuestras acciones («limpio de manos») y nuestras actitudes («puro de corazón»). Y ninguno de nosotros puede cumplir con este estándar, no en nuestras propias fuerzas. Nuestras manos están sucias con el pecado, y nuestros corazones lejos de ser puros. De hecho, la Biblia nos recuerda que: «Engañoso es el corazón más que todas las cosas, y perverso» (Jeremías 17:9).

El monte que se describe en Salmos 24 es el monte Calvario. Solo una persona en toda la historia de la humanidad cumplió con las demandas de justicia de la ley junto con las dos calificaciones —la plomada— de manos limpias y un corazón puro: el Señor Jesucristo. Sus manos estaban limpias, no contaminadas por el pecado, y su corazón era puro. Sin embargo, conociendo que carecíamos de esperanza, descendió del cielo para abrirnos un camino para un día ascender allí con él. Sus manos limpias se ensuciaron con mi pecado y el suyo. ¿Para qué? A fin de que nuestras manos sucias pudieran ser limpias. El corazón puro de Jesús se llenó con nuestro pecado. ¿Para qué? Para que nuestros corazones pecaminosos pudieran volverse puros a los ojos de Dios. Entonces, ¿quién podrá ahora subir al monte de Jehová? Usted puede. Yo puedo. Si abrimos las puertas de nuestro corazón y dejamos que el Rey de gloria entre.

> Al igual que la plomada de Amós, el Señor Jesús descendió a la tierra y, a través de su vida, estableció el estándar de santidad.

Al igual que la plomada de Amós, el Señor Jesús descendió a la tierra y, a través de su vida, estableció el estándar de santidad. Y dado que ninguno de nosotros puede alcanzar dicho estándar, debemos correr a Jesús, poner nuestra confianza en él y proclamarlo como nuestro sustituto. Solo Cristo es nuestra plomada. Con razón la Biblia dice: «Al que no conoció pecado, por nosotros lo hizo pecado, para que nosotros fuésemos hechos justicia de Dios en él» (2 Corintios 5:21).

En vista de nuestros fracasos morales y defectos, Cristo viene a mostrarnos la plomada de Dios, no con el peso de la ley, sino con el peso de la gracia. Hoy nos dice: «Soy la plomada de albañil. Solo yo puedo alcanzar el estándar perfecto. Pero por gracia, por medio de la fe que has puesto en mí, puedes afirmarte en mi propia justicia, a fin de que cuando Dios te mida con su plomada, en lugar de condenarte, te recibirá sin defecto delante de su trono».

Hoy Dios nos pregunta lo que le preguntó al Amós del pasado: «¿Qué ve?» ¿Puede verla? La cruz de Cristo se ha convertido en la plomada de Dios mediante la cual juzgará al mundo. Encontramos a Jesús aquí en medio de la antigua profecía de Amós. Él es, y siempre será, nuestro estándar de justicia, nuestra plomada de albañil. Corra a él.

25 ENCONTRAR A JESÚS EN ABDÍAS

Es nuestro legado

Mas en el monte de Sion habrá un remanente que se salve; y será santo [...] La casa de Jacob será fuego [...] y la casa de Esaú estopa, y los quemarán y los consumirán; ni aun resto quedará de la casa de Esaú, porque Jehová lo ha dicho [...] Y reino será de Jehová.

—ABDÍAS VV. 17-18, 21

*U*n legado es su última influencia, ya sea buena o mala, es lo que deja atrás después de que haya partido. Abdías, el libro más corto del Antiguo Testamento, trata de un legado. Los enemigos de ese legado son evidentes en estos breves versículos: el orgullo y la indiferencia. La realidad es que nunca podremos *dejar* un legado hasta que primeramente hayamos *vivido* un legado. Y nadie que haya caminado en este planeta dejó un legado tan duradero y amoroso como nuestro Señor Jesucristo. Usted y yo formamos parte de una larga lista de miles de millones de personas a lo largo de los siglos que hemos sido alcanzadas por el flujo de su legado. Abdías vio el futuro y encontró un legado que surgía desde Jacob y a través de Jesús y de su reino venidero. Concluyó su corto libro con estas palabras: «Y el reino será de Jehová» (Abdías v. 21).

Dios ha dejado un legado para su pueblo. Este es el mensaje de Abdías: Israel le reclamará su herencia, y Edom desaparecerá de la tierra como «estopa», y será quemado con fuego y devorado. Abdías profetiza sobre los hermanos gemelos, Jacob y Esaú, nacidos de Isaac. Salieron del vientre peleando entre sí y nunca se detuvieron. Esaú era completamente desinteresado sobre los asuntos espirituales y le vendió la primogenitura a su hermano, Jacob. Los antiguos edomitas son los descendientes de Esaú, e Israel salió de los lomos de Jacob. Como los hermanos gemelos, Israel y Edom tuvieron una larga historia de rivalidad y conflicto. Dios bendijo a Jacob, y de él surgiría el legado del prometido Mesías judío, nuestro Señor Jesucristo. La advertencia de Abdías a Edom es también para cualquiera de nosotros que, como Esaú, es indiferente a los propósitos de Dios: «Te cubrirá la vergüenza, y serás exterminado para siempre» (Abdías v. 10, NVI). La advertencia fue cumplida. Busque por todo el mundo y no encontrará en la actualidad un edomita vivo. Sin embargo, Israel está vivo, y el legado de Jesús, el Mesías, vive en todo aquel que pertenece a Cristo.

Los que fueron llamados a dejar un legado duradero se abren paso a través de las páginas de la Biblia. El salmista Asaf lo expresó muy bien: «Las cuales hemos oído y entendido; que nuestros padres nos las contaron. No las encubriremos a sus hijos, contando a la generación venidera las alabanzas de Jehová, y su potencia, y las maravillas que hizo» (Salmos 78:3-4). Tras guiar a los israelitas, los hijos de Jacob, a la tierra prometida después de vagar por el desierto durante décadas, Josué dijo: «Cuando mañana preguntaren vuestros hijos a sus padres, y dijeren: ¿Qué significan estas piedras? declararéis a vuestros hijos, diciendo: Israel pasó en seco por este Jordán. Porque Jehová vuestro Dios secó las aguas del Jordán delante de vosotros, hasta que habíais pasado, a la manera que Jehová vuestro Dios lo había hecho en el Mar Rojo, el cual secó delante de nosotros hasta que pasamos» (Josué 4:21-23). Josué dejó un legado del gran poder de Dios. Salomón nos recordó que «el bueno dejará herederos a los hijos de sus hijos» (Proverbios 13:22). En el Nuevo Testamento, Pablo nos habla sobre la importancia de dejar el legado de Cristo a aquellos que vendrán después de nosotros. A los filipenses les dijo: «Lo que aprendisteis y recibisteis y oísteis y visteis en mí, esto haced; y el Dios de paz estará con vosotros» (Filipenses 4:9). Y en la última carta que Pablo redactó, desde un calabozo húmedo y sombrío en Roma, animó a Timoteo, diciendo: «Lo que has oído de mí ante muchos testigos, esto encarga a hombres fieles que sean idóneos para enseñar también a otros» (2 Timoteo 2:2). Pablo sabía que cada generación de cristianos tiene la responsabilidad de transmitir el legado de Cristo a la siguiente.

> Pablo sabía que cada generación de cristianos tiene la responsabilidad de transmitir el legado de Cristo a la siguiente.

Jesús está aquí, en Abdías. Él es nuestro legado. David se refería a Cristo cuando dijo: «Grande es Jehová, y digno de suprema alabanza; y su grandeza es inescrutable. Generación a generación celebrará tus obras, y anunciará tus poderosos hechos» (Salmos 145:3-4). Su legado es el de Cristo. Transmítalo. La vida es corta. *Viva* un legado a fin de que pueda *dejar* un legado a los que vendrán después de usted. Asegúrese de que su nombre no esté solamente tallado en una fría lápida en un cementerio aislado en algún sitio, sino que sea gravado en los cálidos corazones de aquellos que lo rodean. Únase al rey David al decir: «Grande es Jehová, y digno de suprema alabanza». ¡Transmita el legado de Cristo!

26 ENCONTRAR A JESÚS EN JONÁS

Es el Dios de la segunda oportunidad

Vino palabra de Jehová por segunda vez a Jonás, diciendo: Levántate y ve a Nínive, aquella gran ciudad, y proclama en ella el mensaje que yo te diré. Y se levantó Jonás, y fue a Nínive conforme a la palabra de Jehová.

—JONÁS 3:1-3

*L*as páginas de la historia están repletas de relatos reconfortantes de hombres y mujeres que han fracasado y vuelto a levantarse para tomar ventaja de la segunda oportunidad. Abraham Lincoln es un buen ejemplo. Derrotado para la legislatura estatal en 1832, derrotado para el Congreso en 1843, nuevamente en 1848, derrotado para el Senado en 1854, luego otra vez en 1858, fue elegido presidente de Estados Unidos en 1860. En el campo de la literatura, tenemos el ejemplo de John Bunyan que, cuando fue enviado a la cárcel, pudo fácilmente haberse rendido. Desde su calabozo, escribió las palabras de *El progreso del peregrino*, que ha bendecido a millones a través de las generaciones. A todos nos encantan las historias de reapariciones. Tiger Woods, uno de los más grandes golfistas de todos los tiempos, después de haber estado fuera de juego durante años con recurrentes cirugías de espalda, regresó para ganar el Masters

2019 en contra de todos los pronósticos. Hay algo del espíritu humano que le encanta ver a la gente lograr lo que se propone cuando parece imposible.

La mayoría de nosotros hemos oído la saga de Jonás desde la niñez. Dios le ordenó que fuera a la ciudad de Nínive y predicase allí. En cambio, se embarcó en una nave en la dirección opuesta, se encontró en una violenta tormenta, fue arrojado por la borda y tragado por un gran pez. Durante tres días y tres noches estuvo Jonás en el vientre de ese monstruo marino viajando por las profundidades del mar. Entonces Dios ordenó al pez y «vomitó a Jonás en tierra» (Jonás 2:10). Y «vino palabra de Jehová por segunda vez a Jonás» (Jonás 3:1). Aprovechó la segunda oportunidad, se levantó y se dirigió directo a Nínive. Las segundas oportunidades de la vida no solo son posibles, también pueden ser provechosas.

Sin embargo, la historia máxima de reaparición de todos los tiempos tuvo lugar hace dos mil años en la ciudad de Jerusalén. El Señor Jesucristo fue crucificado en una cruz romana y colocado en una tumba prestada. Había *muerto*. Algunos de sus seguidores más cercanos, abatidos y frustrados, incluso exclamaron: «Pero nosotros esperábamos que él era el que había de redimir a Israel» (Lucas 24:21). Huyeron de la escena, dejando sus esperanzas enterradas en la tumba. Pero al tercer día, Jesús reapareció. Salió de la tumba para vivir por la eternidad. Antes, cuando Jesús predijo su resurrección, se remontó al profeta Jonás como si dijera: «Estuve allí con Jonás. Fueron mis palabras las que vinieron a él por segunda vez». En una ocasión, cuando se le pidió alguna señal de autenticidad, Jesús respondió: «Señal no le será dada, sino la señal del profeta Jonás. Porque como estuvo Jonás en el vientre del gran pez tres días y tres noches, así estará el Hijo del Hombre en el corazón de la tierra tres días y tres noches» (Mateo 12:39-40). Jonás era *la* señal de la muerte y resurrección de nuestro Señor. El Señor nos estaba mostrando que él era mayor que Jonás, que «regresaría» de la tumba; el Señor y Salvador vivo, aún ofrece hoy una segunda oportunidad. Nunca es demasiado tarde para un nuevo comienzo con él.

> La historia máxima de reaparición de todos los tiempos tuvo lugar hace dos mil años en la ciudad de Jerusalén.

Parado frente a la tumba de Lázaro, Jesús proclamó: «Yo soy la resurrección y la vida; el que cree en mí, aunque esté muerto, vivirá… ¿Crees esto?» (Juan 11:25-26). A menudo, me pregunto dónde puso nuestro Señor la inflexión en esta pregunta. Creo que pudo haberla preguntado así: «¿Crees *tú*, solo tú y nadie más que tú, crees *tú* esto?». Después de todo, esta es la pregunta definitiva. Nuestra fe personal es la única respuesta aceptable al evangelio cristiano. Jesús no estaba preguntando aquí sobre su asentimiento intelectual. Una cosa es tratar de conformarse con una serie de estándares morales; sin embargo, la pregunta definitiva de la vida es saber si *usted* personalmente ha transferido su confianza en sus esfuerzos humanos hacia Cristo y su obra completa para la salvación eterna. ¿Cree *usted* esto?

Si observamos con atención, podemos encontrar a Jesús en cada libro de la Biblia. También está aquí en medio del libro de Jonás. Él es esa «palabra de Jehová» que vino a Jonás por segunda vez. Es el Dios de las segundas oportunidades para todo aquel que cree. Usted puede comenzar su propia historia de reaparición… por medio de la fe… en él.

27 ENCONTRAR A JESÚS EN MIQUEAS

Es nuestra paz

Pero tú, Belén Efrata, pequeña para estar entre las familias de Judá, de ti me saldrá el que será Señor en Israel; y sus salidas son desde el principio, desde los días de la eternidad [...] Será engrandecido [...] Y este será nuestra paz.

—MIQUEAS 5:2, 4-5

«*E*ste», el Mesías venidero que nacería en Belén, no solo sería el portador de la paz, sino también la fuente misma de la paz. «Este será nuestra paz» (Miqueas 5:5). Y con el fin de no dejar duda alguna sobre su deidad, Miqueas reveló que los orígenes de aquel que había de venir «son desde el principio, desde los días de la eternidad» (Miqueas 5:2). Aunque el Mesías debía nacer en Belén, ese no era el comienzo de su existencia. Él vive desde la eternidad hasta la eternidad. Siempre ha sido y siempre será. Este Mesías prometido no era un simple hombre... Fue y es Dios, que atravesó los portales del cielo y se hizo carne.

Cientos de años después de que Miqueas escribiera estas palabras, los magos, unos hombres sabios provenientes del oriente, verían la estrella del Mesías y la seguirían en un largo viaje de cientos de kilómetros hasta la tierra santa. Los líderes religiosos de aquel tiempo conocían todas las profecías acerca del Mesías prometido de Israel, por tanto, ante la indagación del rey Herodes, los reyes magos lo instruyeron sobre la profecía de Miqueas. Este «Príncipe de Paz» (Isaías 9:6) que había de venir nacería en la pequeña aldea de Belén, en apariencia insignificante, al sur de Jerusalén. En las propias palabras de Miqueas, «pequeña para estar entre las familias de Judá» (Miqueas 5:2).

A través de la pluma del profeta Miqueas, Dios reveló que Belén sería la ciudad divinamente escogida que acunaría al Hijo de Dios. Piense al respecto. De todos los lugares para que naciera el Mesías, ¿por qué Belén? ¿Por qué no Jerusalén, la sede del poder religioso? ¿O Roma, el centro del poder político? ¿Por qué no Atenas, el centro del poder intelectual? Por medio de Miqueas, Dios estaba enviando un mensaje. La esperanza del mundo no está en la religión, ni en la política, ni en la filosofía. La esperanza del mundo está en un Salvador. La Biblia lo llama el «Príncipe de Paz». Y este mismo Jesús, nacido en Belén, es hoy mismo nuestra fuente de paz.

Al escoger la ciudad de Belén, Dios también nos estaba diciendo que ese era un lugar de potencial. Nos recuerda a todos nosotros que, en su economía, el pequeño será grande y el último será primero. Dios vio a Belén como un lugar de potencial ilimitado. Y lo ve a usted de la misma manera… no solo por lo que usted es, sino también por lo que podría llegar a ser. Ante los ojos de Dios, usted es una persona de potencial.

Hoy vivimos en un mundo atribulado que busca con desesperación la paz y, sin embargo, inconsciente de la verdad bíblica de que nunca tendremos paz verdadera si no estamos centrados en aquel que es desde la eternidad hasta la eternidad y cuyo nombre es el Príncipe de Paz. La gente marcha por las calles mostrando el signo de la paz, pidiendo por la paz mundial. Pero nunca habrá paz en el mundo hasta que primero tengamos paz en la nación. La paz a nivel nacional es imposible hasta que tengamos paz en el estado. Nunca experimentaremos paz en nuestro estado hasta que tengamos paz en nuestros condados y en nuestras ciudades. Vivo en Dallas, Texas, y puedo testificar, por mirar las noticias vespertinas cada noche, que no tenemos paz en nuestra ciudad. Y es imposible tener paz en nuestra ciudad hasta que tengamos paz en nuestros vecindarios, y esto es inútil hasta que tengamos paz en nuestra calle. Para continuar, esto resultará imposible a menos que tengamos paz en nuestra cuadra. Y nunca tendremos paz en la cuadra a menos que tengamos paz en el hogar. Por último, la paz en nuestro hogar es imposible a menos que tengamos paz en el corazón. ¿Cuál es la conclusión de todo esto? Usted nunca tendrá paz en su corazón a menos que el Príncipe de Paz, el Señor Jesús, venga a morar en usted por medio de la fe. ¡No existe la paz verdadera ni duradera sin él!

Encontramos a Jesús aquí en Miqueas. Él es nuestra paz. Y en la noche previa a su crucifixión en una cruz romana a las afueras de las murallas de la ciudad de Jerusalén, aquel que nació en Belén nos dejó estas palabras de despedida: «La paz os dejo, mi paz os doy; yo no os la doy como el mundo la da. No se turbe vuestro corazón, ni tenga miedo» (Juan 14:27). En verdad, «este será nuestra paz» (Miqueas 5:5).

28 ENCONTRAR A JESÚS EN NAHÚM

*Es nuestra fortaleza en el
día de la angustia*

*Jehová es bueno, fortaleza en el día de la angustia; y conoce a los
que en él confían.*

—NAHÚM 1:7

Nahúm es el profeta que libró la profecía sobre la caída de Nínive, capital asiria. Sin embargo, en medio del pesimismo de su libro, surge el recordatorio de que Dios es bueno y que él conoce a los suyos. De hecho, Nahúm reveló que Jesús es una «fortaleza», un refugio seguro al cual usted y yo podemos correr en tiempos de angustia. Con anterioridad, el rey Salomón se hizo eco de estas palabras cuando dijo: «Torre inexpugnable es el nombre del SEÑOR; a ella corren los justos y se ponen a salvo» (Proverbios 18:10, NVI).

En los tiempos bíblicos, los reyes construían fuertes conocidos como «fortalezas», donde, de ser necesario, podían retroceder, ser capaces de defenderse y alejar a los enemigos. Uno de los constructores más grandes de la historia fue el rey de Judea del siglo I, Herodes el Grande. Aún hoy se puede visitar su fortaleza protectora, el Herodión, en las colinas de Judea, al sur de Belén. Sin embargo, su logro más extraordinario fue Masada, en el valle del Jordán, cerca del mar Muerto. Situado en lo alto de una montaña, edificó un palacio de tres niveles sobre los acantilados en el borde norte. Toda esta fortaleza era completamente autosostenible gracias a sus grandes cisternas de agua, acueductos, zonas agrícolas, cuartos de almacenamiento, baños romanos e incluso una sinagoga.

En la actualidad, Masada es una atracción turística popular en Israel, conocida por lo que sucedió allí hace casi dos mil años. Cuando Tito y sus legiones romanas sitiaron la ciudad de Jerusalén en el 70 A. D., un grupo pequeño de novecientos zelotes judíos escaparon de la ciudad en llamas y huyeron a la fortaleza de Masada. Al oír esto, el ejército romano se puso en marcha hacia el lugar y rodeó la fortaleza de la montaña. Hasta el día de hoy, pueden verse los remanentes de sus campamentos alrededor de la base de esta enorme montaña. Los judíos resistieron en lo alto del fuerte de Masada durante tres años. Fue su fortaleza en tiempo de angustia.

¿A dónde usted huye cuando necesita un refugio? En los días del rey David, vemos que él se esconde una y otra vez en uno de sus refugios diciendo: «Jehová será refugio del pobre, refugio para el tiempo de angustia. En ti confiarán los que conocen tu nombre, por cuanto tú, oh Jehová, no desamparaste a los que te buscaron» (Salmos 9:9-10). Luego, añade: «Jehová es mi luz y mi salvación; ¿de quién temeré? Jehová es la fortaleza de mi vida; ¿de quién he de atemorizarme?» (Salmos 27:1).

También nosotros tenemos una fortaleza para el tiempo de angustia. El Señor es nuestro refugio y podemos escondernos en él. La noche previa a la crucifixión, Jesús dijo: «En aquel día vosotros conoceréis que yo estoy en mi Padre, y vosotros en mí, y yo en vosotros» (Juan 14:20). Su fortaleza no está en lo que usted es, o en quién es, o en por qué existe, sino en *dónde* habita.

Jesús nos dijo que está posicionado «en mi Padre». Luego, en su próximo aliento, nos reveló que «vosotros [están] en mí». Deténgase por un instante y piense al respecto. Él es su fortaleza, y usted está «en él», que es el lugar más seguro para morar. Si usted está *en* Cristo y él *en* el Padre, entonces nada puede sobrevenirle que no tenga que pasar primeramente por Dios el Padre y por Dios el Hijo para llegar a usted. Y, si penetra esa fortaleza, puede descansar que hay un propósito para que esté en su vida.

> El Señor es nuestra fortaleza. Podemos refugiarnos en él.

Pero eso no es todo. Jesús continuó: «Y yo [estoy] en vosotros». ¿Puede verlo? Cristo tiene cuidado de su exterior (usted está en él), y también se ocupa de su interior (él está en usted). ¿Qué mejor lugar para hallar un refugio?

Encontramos a Jesús aquí en medio de esta profecía bastante desconocida del Antiguo Testamento. Nahúm lo describió como su «fortaleza», su lugar de refugio y seguridad «en el día de la angustia». Nos quedamos con tres recordatorios importantes en Nahúm 1:7. El primero: «Jehová es bueno». Es un Dios bueno y desea bendecirnos. El segundo: «Conoce a los que en él confían». Él lo conoce *y* lo ama. Y por último, él es nuestra «fortaleza en el día de la angustia». Jesús está justo aquí en medio del libro de Nahúm. ¡Está esperando que corra hacia él! Y, como prometió, nunca lo dejará ni lo desamparará.

29 ENCONTRAR A JESÚS EN HABACUC

Es la personificación de nuestra esperanza

Aunque la higuera no florezca, ni en las vides haya frutos, aunque falte el producto del olivo, y los labrados no den mantenimiento, y las ovejas sean quitadas de la majada, y no haya vacas en los corrales; con todo, yo me alegraré en Jehová, y me gozaré en el Dios de mi salvación. Jehová el Señor es mi fortaleza, el cual hace mis pies como de ciervas, y en mis alturas me hace andar.

—HABACUC 3:17-19

*H*abacuc vivía con una carga (Habacuc 1:1) en un tiempo cuando casi ya no había esperanza. Su profecía comienza con una profunda y honesta pregunta: «¿Hasta cuándo, oh Jehová, clamaré, y no oirás?» (Habacuc 1:2). ¿Cómo podría un Dios santo que había llamado a Israel, su pueblo escogido, la «niña de su ojo» (Deuteronomio 32:10), ahora permitirles a los babilonios paganos aniquilar brutalmente a masas de judíos, sitiar y destruir la ciudad de Jerusalén, y llevarse las mentes judías más brillantes de regreso al cautiverio babilónico? Si somos honestos, la mayoría de nosotros nos hemos hecho una pregunta similar cuando ciertas circunstancias de nuestras vidas nos hacen perder las esperanzas. Habacuc reveló cuatro realidades para todo aquel que se encuentre en una gran necesidad de esperanza.

En el capítulo uno de Habacuc, vemos que la esperanza disminuye cuando enfocamos toda nuestra atención en los problemas. Óigalo decir: «¿Hasta cuándo, oh Jehová, clamaré, y no oirás […] y no salvarás? […] Por lo cual la ley es debilitada, y el juicio no sale según la verdad» (Habacuc 1:2, 4). Él preguntaba lo que muchos hoy se preguntan cuando se enfrentan a una crisis: «¿Dónde estás, Dios? ¿Por qué no haces algo?». La esperanza tiene su forma única de escabullirse lentamente cuando ponemos toda nuestra atención en los problemas. Al igual que Habacuc, nos guía a hacernos una multitud de preguntas que no tienen respuestas satisfactorias.

Sin embargo, en el capítulo dos el profeta levantó sus ojos para revelarnos que la esperanza está anclada en las promesas de Dios. Dios le recordó que su visión «se realizará en el tiempo señalado […] Aunque parezca tardar, espérala; porque sin falta vendrá» (Habacuc 2:2-3, NVI). Qué promesa oportuna y reconfortante: «Sin falta vendrá». Nuestra esperanza descansa en la verdad de que lo que Dios promete de seguro lo cumplirá. En el reino de Dios, vivimos por promesas, no por explicaciones. Naamán casi pierde la oportunidad de ser sanado porque buscaba una explicación cuando Dios le dio la promesa de que si se sumergía siete veces en el río Jordán quedaría limpio de su lepra (2 Reyes 5:14). Habrá momentos en la vida cuando todo lo que tengamos serán las promesas

> En el reino de Dios, vivimos por promesas, no por explicaciones.

de Dios. Pero eso es suficiente. La esperanza viene cuando nos aferramos a sus promesas.

Sin embargo, eso no es todo. La esperanza sabe que Dios tiene todo el control. Habacuc afirmó: «Mas Jehová está en su santo templo; calle delante de él toda la tierra» (Habacuc 2:20). La esperanza ve que Dios no ha abdicado de su trono. Aún está en control. La maldad puede parecer triunfar, por un momento, pero no durará. Dios aún reina sobre los asuntos del hombre, y la esperanza deposita su fe en esta verdad consagrada.

Por último, Cristo, nuestra esperanza, puede ver más allá de mañana. Habacuc concluyó su corto libro con una confesión asombrosa: «Aunque la higuera no florezca, ni en las vides haya frutos, aunque falte el producto del olivo, y los labrados no den mantenimiento [...] y no haya vacas en los corrales; *con todo*, yo me alegraré en Jehová, y me gozaré en el Dios de mi salvación [...] El cual hace mis pies como de ciervas, y en mis alturas me hace andar» (Habacuc 3:17-19, énfasis añadido). Esto lo dijo el mismo hombre que comenzó su corto libro sacudiendo su puño ante el rostro de Dios, con su esperanza casi marchita. Ahora había hallado esperanza en Dios y podía ver más allá de mañana. Era capaz de declarar: «Yo me alegraré [...] y me gozaré» (Habacuc 3:18), a causa de que él «hace mis pies como de ciervas, y en mis alturas me hace andar» (Habacuc 3:19). Al igual que el ciervo, me hará escalar con gracia cualquier obstáculo que se me presente. Y me guiará a lugares más altos. La esperanza habita en las vidas de cada uno de nosotros cuando nos damos cuenta de la verdad que encierra una pequeña frase que se repite con frecuencia a lo largo de la Biblia: «Y aconteció». Sea lo que fuere que intenta robarle su esperanza, no durará, sino que llegará a su fin.

La esperanza es una necesidad profunda e imperiosa para muchas personas en el mundo actual. Y Jesucristo es la personificación de la esperanza: nuestra única y *verdadera* esperanza. Lo encontramos aquí caminando por estas páginas de la profecía de Habacuc. Él es aquel, nuestra esperanza, que nos permite aferrarnos a las promesas de Dios, para darnos cuenta de que él todavía tiene el control, y es el que nos ayuda a ver más allá de nuestras angustias para vislumbrar un día mejor y más resplandeciente. Jesús es nuestra esperanza… nuestra única esperanza real y duradera.

30 ENCONTRAR A JESÚS EN SOFONÍAS

Es el Señor, poderoso Salvador

Jehová está en medio de ti, como poderoso salvador; se gozará sobre ti con alegría, callará de amor, se regocijará sobre ti con cánticos.
—SOFONÍAS 3:17, RVR1977

Sofonías tuvo la bendición de vivir en un tiempo en el que Dios había visitado a su pueblo en Judá con un avivamiento genuino bajo el reinado del buen rey Josías. Sus palabras eran de esperanza y ánimo; se dirigía a Jehová como poderoso Salvador, lo cual resultaba en regocijo y cánticos. Sofonías ayudó al pueblo a esperar con ansias aquel día cuando Dios enviaría a su propio Hijo «para que el mundo sea salvo por él» (Juan 3:17).

Hay un capítulo de la Biblia que se consume con la realización de esta profecía de Sofonías, que señaló a aquel que era poderoso para salvar y que se regocijaría sobre nosotros con cánticos. Jesús era el maestro de la narración, y en Lucas 15, contó tres historias. En primer lugar, contó la historia del pastor que fue en busca de su oveja perdida y cuando la halló, exclamó: «Gozaos conmigo, porque he encontrado mi oveja que se había perdido» (Lucas 15:6). Luego, contó la historia de la mujer que perdió una moneda valiosa y al encontrarla reunió a sus amigas y vecinas, diciendo:

«Gozaos conmigo, porque he encontrado la dracma que había perdido» (Lucas 15:9). Pero la más conocida de todas las parábolas de nuestro Señor es la historia que comúnmente se conoce como la del hijo pródigo. Cuando el hijo perdido regresó a casa, el padre le dijo a su presumido hermano mayor: «Mas era necesario hacer fiesta y regocijarnos, porque este tu hermano era muerto, y ha revivido; se había perdido, y es hallado» (Lucas 15:32).

Esta antigua y conocida historia del hijo pródigo quizás sea la más malinterpretada de todas las parábolas de Jesús. La mayoría de las veces que oímos un sermón o leemos un devocional sobre este pasaje, el hijo rebelde es el protagonista. Es el centro de atención. El muchacho tomó su herencia, se marchó de su hogar y se alejó rumbo a las luces brillantes de la gran ciudad. Allí, malgastó todos sus bienes en vino, mujeres y fiestas. Después de una extensa búsqueda de empleo, finalmente terminó alimentando cerdos en un corral. Cuando piensa al respecto, no era un muy buen lugar para que estuviera un muchacho judío. Pero, por fin, «[volvió] en sí» (Lucas 15:17) y regresó al hogar para pedir el perdón de su padre. Este lo vio llegar cuando aún estaba lejos. El hijo vino caminando, pero el padre fue corriendo a su encuentro con los brazos abiertos. No hubo reproches ni acusaciones, solo brazos abiertos, amplios brazos extendidos de amor y perdón. Y, para hacer eco de las palabras de Sofonías, el padre se gozó en él con alegría, calló de amor e hizo una fiesta para regocijarse con cánticos.

Mas no pierda el punto de Sofonías ni de Jesús. Era el *padre* el verdadero protagonista de la historia de Jesús, no el hijo. Observe Lucas 15:11. Jesús dijo: «Un hombre tenía dos hijos». ¿Quién es el sujeto de esa oración? Ninguno de los hijos. El sujeto de la oración y el centro de toda la historia es el padre. Jesús contó esta historia para enfatizar la fidelidad del padre y la fidelidad de su Padre. Esta parábola tiene el propósito de mostrarnos el amor inagotable del Señor para cada uno de nosotros. Nos revela el corazón del Señor, pues se regocija «por un pecador que se arrepiente» (Lucas 15:10).

En Sofonías, Jesús es el Señor que es poderoso para salvar. Y desde el momento en que nos volvemos a él con un arrepentimiento verdadero, como el hijo pródigo, él perdona y olvida. Con certeza, él puede «salvar perpetuamente a los que por él se acercan a Dios» (Hebreos 7:25). El arrepentimiento es un cambio de mentalidad, el cual trae un cambio de volición y que resulta en un cambio de actitud. En primer lugar, el hijo pródigo cambió su forma de pensar: «Y volviendo en sí…» (Lucas 15:17). Esto cambió su volición. Óigalo decir: «Me *levantaré* e iré a mi padre» (Lucas 15:18, énfasis añadido). Luego, leemos: «Y levantándose, vino a su padre» (Lucas 15:20). ¡Y entonces comenzó el regocijo! ¡Jesús, poderoso Salvador!

> El arrepentimiento es un cambio de mentalidad, el cual trae un cambio de volición y que resulta en un cambio de actitud.

El verdadero mensaje de esta historia es que Jesús, a cada paso, nos sigue sorprendiendo con su gracia y misericordia.

Puede que regresemos a él caminando, pero él vendrá a nosotros corriendo. Tal como las palabras de Sofonías nos revelan, él es un Salvador misericordioso, amoroso y perdonador. Encontramos a Jesús justo aquí en Sofonías. Él es el Señor, poderoso Salvador.

31 ENCONTRAR A JESÚS EN HAGEO

Es el restaurador de nuestra herencia perdida

Así ha hablado Jehová de los ejércitos, diciendo: Este pueblo dice: No ha llegado aún el tiempo, el tiempo de que la casa de Jehová sea reedificada.

Entonces vino palabra de Jehová por medio del profeta Hageo, diciendo: ¿Es para vosotros tiempo, para vosotros, de habitar en vuestras casas artesonadas, y esta casa está desierta? Pues así ha dicho Jehová de los ejércitos: Meditad bien sobre vuestros caminos [...] Entonces Hageo, enviado de Jehová, habló por mandato de Jehová al pueblo, diciendo: Yo estoy con vosotros, dice Jehová [...] Y vinieron y trabajaron en la casa de Jehová de los ejércitos, su Dios.
—HAGEO 1:2-5, 13-14

Las palabras proféticas de Hageo se pronunciaron después de que los judíos salieran del cautiverio babilónico y regresaran a Jerusalén. Mientras que Esdras escribe la crónica sobre el remanente en el camino de regreso a Jerusalén, Hageo nos ofrece una revelación inmensa sobre lo que sucedió después de que se establecieron en la ciudad santa. El pueblo había regresado con instrucciones para reedificar el templo, la casa de Dios. Tuvieron un buen comienzo y sentaron cimientos sólidos. Sin embargo, después de un tiempo, volvieron a sus trabajos y se enfocaron en construir sus lujosas casas mientras que la casa de Dios permanecía en ruinas.

El templo, cuyo esplendor había sido una vez objeto de orgullo, ahora era un montón de basura y cenizas cubiertas de maleza. La pasión y las profecías de Hageo despertaron a los judíos de su letargo, y los inspiraron a retomar y completar la obra del templo. De manera continua, él hablaba de Jesús, no por su nombre, sino como «Jehová de los ejércitos», cuyas palabras motivaron al pueblo a restaurar la herencia perdida.

> En su gran y maravillosa misericordia, Dios estaba determinado a habitar entre su pueblo como lo había hecho en el pasado.

El templo era la morada de Dios en la tierra. Su casa. Era donde él venía una vez al año para visitar a su pueblo en el día de expiación y restaurar su comunión quebrantada con él. En su gran y maravillosa misericordia, Dios estaba determinado a habitar entre su pueblo como lo había hecho en el pasado. El deseo de su corazón era restaurar la herencia perdida.

En un tiempo, vivíamos en una comunión continua con él; pero perdimos esa herencia en el huerto de Edén cuando escogimos pecar y fuimos expulsados del paraíso (Génesis 3). Desde entonces, hemos estado tratando de regresar allí. El resto de la Biblia es la historia de Dios acercándose a nosotros para restaurar nuestra herencia perdida. Estas antiguas palabras de Hageo nos invitan a considerar nuestros caminos (Hageo 1:5) y escuchar la voz de Dios, pues nos dice lo mismo que le dijo a su pueblo en los días de Hageo: «Yo estoy con vosotros» (Hageo 1:13).

Cientos de años después de las palabras de Hageo, vino Jesús. Tuvo una vida perfecta. Pasó su existencia en la tierra haciendo el bien, habló las palabras más importantes jamás pronunciadas y puso en práctica cada sílaba de sus enseñanzas. Con seguridad su pueblo debió haberle amado. Pero no fue así. No queríamos que alterara nuestros estilos de vida, así que lo crucificamos. Fue sepultado en una tumba prestada. Después del tercer día regresó a la vida y se les apareció a cientos en su cuerpo resucitado. Luego ascendió al cielo con estas últimas palabras, la misma promesa preciosa que había dado a través de Hageo: «He aquí yo estoy con vosotros todos los días, hasta el fin del mundo» (Mateo 28:20). Jesús es el restaurador de nuestra herencia perdida.

En Cristo, la presencia de Dios visitó nuestra tierra una última vez, no en un templo hecho y reedificado con manos humanas, sino en un cuerpo que fue preparado para él. A causa de su gracia, no necesitamos entrar en un templo de ladrillo y mortero, mucho menos recubierto en oro. Dios mismo se hizo carne; entró en un templo de carne y hueso para tener una relación con nosotros. La comunión ha sido restaurada por medio de Cristo. La promesa resonante de Hageo, «yo estoy con vosotros», se cumple hoy en las vidas de todos los creyentes, y le sigue esta hermosa añadidura: no solo él está con nosotros, sino que además «él dijo: No te desampararé, ni te dejaré» (Hebreos 13:5).

Encontramos a Jesús aquí en la antigua profecía de Hageo. Él fue y siempre será el restaurador de nuestra herencia perdida.

ENCONTRAR A JESÚS EN ZACARÍAS

Es el Rey venidero

*Alégrate mucho, hija de Sion; da voces de júbilo, **hija de Jerusalén**;*
*he aquí tu rey vendrá a ti, justo y salvador, **humilde, y cabalgando***
sobre un asno, sobre un pollino hijo de asna.

—ZACARÍAS 9:9

Z acarías vivió y profetizó durante **los días posteriores**
al exilio babilónico. Alentó al **pueblo a completar la**
reconstrucción de Jerusalén y sobresalió **entre todos los de-**
más profetas menores al referirse a Jesús **con sus prediccio-**
nes y profecías mesiánicas. Israel no **tenía rey y necesitaba**
en gran manera un líder. En la antigüedad, **los reyes entra-**
ban cabalgando a las ciudades que gobernaban con **enorme**
pompa y esplendor sobre un imponente **caballo blanco.** Sin
embargo, Zacarías predijo que el Mesías y Rey **venidero de**
Israel entraría a Jerusalén con pompa y **esplendor, pero no**
montando un caballo, sino cabalgando sobre **un humilde po-**
llino. No vendría a conquistar ni a tomar el **control,** sino a
traer libertad y paz al corazón del hombre.

Y así, vino el Mesías, tal como se **prometió en «el cumpli-**
miento del tiempo» (Gálatas 4:4), a una **Jerusalén controlada**
y gobernada por el cruel puño de hierro del Imperio **romano.**
Los judíos estaban desesperados por un rey **político-militar**

que los liberase de sus opresores. Conocían bien los escritos y las profecías de Zacarías. Sin embargo, cuando vino su Rey no le reconocieron, pese a que Jesús citó las palabras de Zacarías 9:9 cuando entró triunfante a la ciudad (Mateo 21:4-5).

Una gran multitud se había juntado al costado del camino aquel Domingo de Ramos, desde la cima del monte de los Olivos hasta la ladera occidental, a través del valle de Cedrón, subiendo por la ladera oriental del monte Moriá y hasta las puertas de la ciudad. Había gozo en las calles. La multitud cantaba a todo pulmón mientras agitaba sus ramas de palma. Un estado de ánimo festivo impregnaba el ambiente. A todo el mundo le gustan los desfiles.

Sin embargo, todo era una fachada. Y Jesús lo sabía. En cuestión de días, todos esos aplausos se tornarían en abucheos. ¿Puede imaginarse al Señor Jesús, cumpliendo la profecía de Zacarías, sentado sobre un pollino? Es el centro de atención. Debió haber tenido una sonrisa en su rostro mientras descendía por la montaña cabalgando, como si estuviera sentado en un convertible durante un desfile. La fiesta había comenzado. La gente agitaba las ramas de los árboles, cantaba y alzaba su voz. Y luego leemos estas palabras: «Y cuando llegó cerca de la ciudad, al verla, lloró sobre ella» (Lucas 19:41). En medio de todo el despliegue y alboroto, Jesús lloró. Las lágrimas llenaron sus ojos, rodaron por sus mejillas hasta su barba.

Su reino no era de este mundo. Más de ochenta veces en los Evangelios lo habían oído hablar sobre el «reino de Dios». Pero no lo entendieron. No lo celebraban a él, sino lo que creían que podrían conseguir de él. De alguna manera, habían pasado por alto las palabras que Zacarías les había dejado cuando describió este acontecimiento. Se lo perdieron… y él lo sabía. Por eso nuestro Señor lloró.

Aquella multitud del Domingo de Ramos creía que estaba consiguiendo lo que quería. Pensaban que le estaban dando la bienvenida a un rey que los libraría de la opresión romana. Unos días más tarde, se dieron cuenta de que no estaban obteniendo lo que pretendían. Así que lo coronaron rey, es cierto. Le pusieron una corona de espinas y la presionaron sobre su frente. Entonces, burlándose, se inclinaron ante él con comentarios sarcásticos. Se rieron, lo escupieron en la cara y lo golpearon. Luego, le quitaron la ropa y lo clavaron a una cruz. Él era un rey, el Rey. Pero su reino no era de este mundo, sino del corazón.

> Él era un rey, el Rey. Pero su reino no era de este mundo, sino del corazón.

Fiel a la profecía de Zacarías, la multitud se regocijaba y alzaba su voz, pero por las razones incorrectas. Aquello que querían no era lo que más necesitaban. Jesús había venido para librarlos de las ataduras que el pecado trae al corazón del hombre. Y, como algunos de nosotros, se lo perdieron. Jesús continúa pasando por nuestros corazones. Aún sigue diciendo: «¡Oh, si también tú conocieses, a lo menos en este tu día, lo que es para tu paz!» (Lucas 19:42). Tal vez, aquello que cree que necesita ahora mismo no es «algo» sino a «alguien».

Llegará el día cuando nuestro Señor, verdaderamente, entre a Jerusalén, delante de los ojos de todo el mundo, montado sobre un caballo blanco (Apocalipsis 19:11). En esta visita, será nuestro Rey conquistador, cabalgando en toda su majestad hacia la ciudad santa, para establecer allí su reino de paz. En las palabras de Zacarías, el profeta: «Jehová será rey sobre toda la tierra. En aquel día Jehová será uno, y uno su nombre» (Zacarías 14:9).

Jesús está en cada libro de la Biblia. Camina a través de estas páginas, a veces en sombra, a veces en figura y a veces, como aquí en Zacarías, en profecía. Aquello que Dios ha prometido, lo cumplirá. ¡Asegúrese de no perdérselo!

ENCONTRAR A JESÚS EN MALAQUÍAS

*Es el Sol de Justicia con
sanidad en sus alas*

*Sin embargo, para ustedes que temen mi nombre, se levantará el Sol
de Justicia con sanidad en sus alas.*

—MALAQUÍAS 4:2, NTV

Malaquías, cuyo nombre significa «mensajero de Yahvé» fue la última de las voces del Antiguo Testamento que habló por Dios y de Dios. Es básicamente desconocido, y sus últimas palabras registradas —«He aquí, yo os envío el profeta Elías, antes que venga el día de Jehová, grande y terrible. Él hará volver el corazón de los padres hacia los hijos, y el corazón de los hijos hacia los padres, no sea que yo venga y hiera la tierra con maldición» (Malaquías 4:5-6)— marcan el comienzo de un período de cuatrocientos años en los cuales Dios acalló su voz, hasta que llegamos a Mateo 1:1 y leemos el «libro de la genealogía de Jesucristo».

Malaquías enfrentó con valor que los sacerdotes de Judá no temieran a Dios. Por eso presentó al venidero «Sol de Justicia con sanidad en sus alas» con esta salvedad: la promesa es para aquellos que «temen mi nombre» (Malaquías 4:2). Quizás ninguna otra disciplina cristiana en nuestro tiempo sea tan olvidada como este concepto de «vivir en el temor de

Jehová». ¿Quiénes temen a Dios? ¿Quién de nosotros podría definir siquiera lo que significa?

Tiempo antes, Isaías hizo una pregunta inquisitiva: «¿Quién hay entre vosotros que teme a Jehová?» (Isaías 50:10). Esta pregunta es tan relevante hoy como lo fue dos mil quinientos años atrás. Ese concepto de caminar en el temor de Jehová es como un hilo entretejido a través de las vidas de aquellos hombres y mujeres de la Biblia que fueron grandemente usados por Dios. Noé «con temor reverente» (Hebreos 11.7, NVI), construyó el arca. La mujer de Proverbios 31 fue bendecida porque «teme a Jehová» (v. 30). La joven virgen, María, alabó a Dios porque «su misericordia es de generación en generación a los que le temen» (Lucas 1:50). En Lucas 5, Jesús sana a un paralítico, y leemos que «todos quedaron asombrados... Estaban llenos de temor» (v. 26, NVI). En Hechos, el concepto de vivir en el temor de Jehová puede encontrarse en casi cada página. Después de la proclamación pentecostal de Pedro, que resultó en trescientos nuevos creyentes, Lucas escribió: «Y sobrevino temor a toda persona; y muchas maravillas y señales eran hechas por los apóstoles» (Hechos 2:43). En Romanos, Pablo se lamentó de los que no tuvieran «temor de Dios delante de sus ojos» (3:18). Y en Apocalipsis, Juan reveló quiénes están adorando alrededor de su trono: «Alabad a nuestro Dios todos sus siervos, y los que le teméis» (19:5).

El llamado de Malaquías sobre el temor de Jehová no quiere decir que yo deba andar con pies de plomo viviendo en constante temor de que Dios vaya a poner su mano de retribución sobre mí. Más bien, temer a Dios significa vivir con un conocimiento consciente de su presencia, queriendo no hacer nada que pueda provocar que Dios quite su mano de bendición y unción de mi vida. El profeta sabía que vivir con esta clase de conocimiento marcaría una diferencia en lo que hacemos, a dónde vamos, lo que decimos y cómo vivimos.

Malaquías vio el día postrero cuando Jesús, nuestro Sol de Justicia, vendría y traería luz en la oscuridad, vida en la muerte, plenitud en lugar de enfermedad, libertad en lugar de ataduras y gozo en lugar de tristeza. Este Sol de Justicia vendría con «sanidad» en sus alas extendidas. Jesús vino y sumergió al mundo en su poder sanador. Al principio de su Evangelio, Mateo registró: «Y le trajeron todos los que tenían dolencias, los afligidos por diversas enfermedades y tormentos, los endemoniados, lunáticos y paralíticos; y los sanó» (Mateo 4:24). Cuando Jesús sanaba a los que se acercaban a él, demostraba su poder, no solo para sanar el cuerpo, sino también para sanar el corazón pecaminoso del hombre.

> Jesús vino y sumergió al mundo en su poder sanador.

Me encuentro escribiendo estas palabras en medio de un hermoso amanecer en Texas Hill Country. Al salir el sol, trae luz a la oscuridad de la noche. Cuando usted mira en su dirección, trae calor a su rostro. Y para aquellos de nosotros que tememos a Jehová, este Sol de Justicia, nuestro

Señor Jesús, se eleva con sanidad en sus alas, trayendo luz a nuestras vidas y calidez a nuestros corazones. Vemos a Jesús aquí caminando a través de las páginas de Malaquías. Él es el Sol de Justicia, y todavía sale para encontrarnos con sanidad en sus alas.

34 ENCONTRAR A JESÚS EN MATEO

Es el Cristo, el Hijo del Dios viviente

[Jesús] les dijo: Y vosotros, ¿quién decís que soy yo?

Respondiendo Simón Pedro, dijo: Tú eres el Cristo, el Hijo del Dios viviente.

—MATEO 16:15-16

Al pasar ahora a los Evangelios del Nuevo Testamento, encontramos los relatos de los testigos de Jesús, revertido en carne y caminando según las costumbres de nuestro mundo. Mateo conoció al Señor en la costa norte del mar de Galilea. Era un funcionario aduanero para el Gobierno romano; no el más atractivo de los empleos para un ciudadano judío. Dejó su estilo de vida y siguió a Jesús con abandono. Después de la resurrección, con la pluma en mano e inspirado por el Espíritu Santo, escribió el Evangelio que lleva su nombre. Presentó a Jesús como el «Rey de los judíos» (Mateo 2:2) y lo reveló como el Mesías prometido que había venido para cumplir las profecías del Antiguo Testamento.

Uno de los enfoques únicos de nuestro Señor era siempre hacer preguntas, no porque necesitara respuestas, sino porque era su manera de conseguir que nos viéramos como realmente somos. De hecho, los cuatro Evangelios registran más de cien preguntas formuladas por Jesús. Mateo tomó nota y registró muchas de ellas para la posteridad. Dos de esas preguntas se presentaron en una sucesión rápida durante un encuentro con sus discípulos en Cesarea de Filipo. La primera: «¿Quién dicen los hombres que es el Hijo del Hombre?» (Mateo 16:13). En otras palabras: «¿Qué dicen los datos de las encuestas?». Después de todo, muchos hasta el día de hoy toman sus decisiones después de ver de qué lado sopla el viento de la opinión pública antes de adoptar una postura decisiva sobre un determinado asunto. Parecería que el mundo de hoy aún está más interesado en lo que los hombres dicen que en lo que Dios dice.

Jesús rápidamente continuó con una de las preguntas personales más directas y penetrantes que haya realizado: «¿Quién *decís* que soy yo?». Debemos dejar de lado el consenso público. A Cristo le interesa nuestra convicción personal. En el idioma del Nuevo Testamento esta es una pregunta enfática. Es decir, coloca el énfasis en el pronombre personal, *tú*. Si hubiésemos estado sentados en el círculo de los discípulos aquella noche, habríamos oído una pregunta similar a esta: «¿Qué hay de *ti*… *tú* y solo *tú*… *tú* y nadie más… *tú* y únicamente *tú*… ¿Quién dices *tú* que soy yo?». Dios bendiga a Simón Pedro. Soportó más críticas que todos los discípulos juntos. A menudo, era tan jactancioso. Así que no debería sorprendernos que fuera Pedro el que orgullosamente presumiera que si todos los seguidores de Cristo lo abandonaran, aún podría contar con él. Su impulsividad quedó demostrada cuando le cortó la oreja al sirviente del sumo sacerdote en el huerto de Getsemaní, la noche en que Cristo fue traicionado y arrestado. Pero aquí, en Cesarea de Filipo, Pedro fue inspirado por el Espíritu Santo e inmediatamente después de la pregunta de Jesús, soltó esta verdad inspirada: «Tú eres el Cristo, el Hijo del Dios viviente» (Mateo 16:16).

Cuando Mateo registró esta declaración de Simón Pedro, usó el artículo más fuerte del idioma griego para afirmar que Jesús era *el Cristo*, *el* ungido, *el* Mesías esperado de Israel. Durante el resto de su vida, Pedro insistió en esta verdad. Sufriría su muerte de mártir por crucifixión. Sin embargo, tras declararles a sus ejecutores que no era digno de ser crucificado de la misma manera que su Señor, pidió ser crucificado cabeza abajo. Entregó su vida insistiendo hasta el final en que Jesús era «el Cristo, el Hijo del Dios viviente».

> Pedro [...] soltó esta verdad inspirada: «Tú eres el Cristo, el Hijo del Dios viviente» (Mateo 16:16).

En Roma, puede visitarse hasta el día de hoy el antiguo panteón, el templo de todos los dioses. Era allí donde los pueblos conquistados por el Imperio romano podían ir y adorar, en nichos provistos, a los dioses a quienes servían, ya fuera Júpiter o Juno o cualquier otro. Sin embargo, los seguidores de Cristo conquistados se rehusaron a tener un nicho para Jesús junto a los dioses paganos de Júpiter, Juno y otros similares. Ellos dijeron: «No, solo hay un Dios y su nombre es Jesús». Y cientos de miles dieron sus vidas por causa de esta verdad.

Jesús está aquí en el Evangelio de Mateo. Página tras página, Mateo lo dejó en claro. Este Jesús, a quien crucificaron, enterraron, y resucitó de entre los muertos es el Señor y Cristo. Y todos aquellos que a lo largo de los siglos lo han recibido por medio de la fe se han hecho eco, de una manera u otra, de estas palabras de Simón Pedro: «Tú eres el Cristo, el Hijo del Dios viviente».

35   ENCONTRAR A JESÚS EN MARCOS

Es el Dios del segundo toque

Vino luego [Jesús] a Betsaida; y le trajeron un ciego, y le rogaron que le tocase. Entonces, tomando la mano del ciego, le sacó fuera de la aldea; y escupiendo en sus ojos, le puso las manos encima, y le preguntó si veía algo. Él, mirando, dijo: Veo los hombres como árboles, pero los veo que andan. Luego le puso otra vez las manos sobre los ojos, y le hizo que mirase; y fue restablecido, y vio de lejos y claramente a todos.

—MARCOS 8:22-25

*L*a mayoría de los milagros de sanidad de Jesús en los Evangelios fueron instantáneos. Solo pronunciaba la palabra y la sanidad ocurría. Pero aquí, en el relato de Marcos acerca de un hombre ciego en Galilea, tiene lugar de manera intencional en dos etapas. Dado que la vista física es por lo general una metáfora del entendimiento, Jesús realiza esta sanidad en dos instancias para reflejar la revelación y el entendimiento graduales de los discípulos. Fue un milagro con un mensaje intencional para los discípulos y también para nosotros.

Cuando Jesús lo tocó, este hombre ciego pudo ver. No obstante, su visión era tan borrosa que no podía diferenciar si estaba viendo a un hombre o a un árbol. «Él, mirando, dijo:

Veo los hombres como árboles, pero los veo que andan». No podía ver si los hombres estaban usando gafas o no. No podía diferenciar si estaban usando camisas o corbatas, o si sus camisas estaban dentro o fuera del pantalón. Veía a los hombres, pero su visión era tan borrosa que parecían árboles andando.

A propósito, había algunas otras cosas que no podía ver. No podía ver si los ojos estaban llorosos, si un rostro estaba sucio o un semblante angustiado. No podía ver si un ceño estaba fruncido, si los hombros estaban encogidos, los pies descalzos o la ropa desgastada. Por lo tanto, si no podía ver a un hombre con un rostro sucio, no podría lavárselo. Si no podía ver las lágrimas en los ojos, no podría llevar consuelo al corazón quebrantado. Si no podía ver los hombros encogidos, no podría aliviar la carga del viajero. Si no podía ver los pies descalzos, no podría proveerle zapatos al individuo necesitado. A través de esta visión borrosa, veía a los hombres que parecían árboles andantes.

Muchos de nosotros somos como este hombre y, espiritualmente hablando, como los discípulos, necesitados de un segundo toque para poder ver a todos con claridad. Hay hombres y mujeres en nuestras vidas diarias cuyos cabellos se han vuelto grises en sus últimos años y que se preguntan cómo pagarán las cuentas el próximo mes. Nos cruzamos con personas que hace poco han oído al doctor decir: «Tiene cáncer». Pasamos al lado de aquellos cuyas casas han sido destruidas a causa del engaño y las adicciones. Nuestro Señor Jesús no vino a la tierra por una multitud, sino por cada individuo que no solo es conocido por él, sino que además es indescriptiblemente valioso para él.

Cada uno de los dedos de las manos de los miles de millones de personas que vivimos en el planeta ahora mismo tiene una huella digital diferente. Cada individuo tiene un ADN único. Cada copo de nieve que cae en invierno es diferente. Dios llama por su nombre a cada estrella en los cielos. Ni un solo pajarillo del campo cae a tierra sin que nuestro gran Dios lo note. Aun los cabellos de su cabeza están todos contados. Jesús no mira a la multitud; mira al individuo. Lo mira a usted. Me mira a mí. Los predicadores no se paran enfrente de congregaciones, más bien frente a agrupamientos de individuos con necesidades puntuales, sufrimientos y heridas. Los maestros no tienen una clase enfrente de ellos, sino a un grupo de individuos, cada uno valioso para Dios.

Marcos registró esta historia en la mitad de su evangelio para mostrarnos cuán necesitados estamos, al igual que el hombre ciego, del segundo toque de nuestro Señor. Hasta entonces, caminábamos por la vida viendo a los hombres, no como individuos únicos amados por Jesús, sino como «árboles» que andan. Este segundo toque es el que nos permite ver a cada uno con claridad a través de los ojos de Cristo.

Encontramos a Jesús caminando por cada página del Evangelio de Marcos. La buena noticia para usted y para mí es que aún es el Dios del segundo toque.

ENCONTRAR A JESÚS EN LUCAS

Es la tercera persona en el camino a Emaús

Y he aquí, dos de ellos iban el mismo día a una aldea llamada Emaús... E iban hablando entre sí de todas aquellas cosas que habían acontecido [...] Mientras hablaban y discutían entre sí, Jesús mismo se acercó, y caminaba con ellos. Mas los ojos de ellos estaban velados, para que no le conociesen [...] Y comenzando desde Moisés, y siguiendo por todos los profetas, les declaraba en todas las Escrituras lo que de él decían [...] Entonces les fueron abiertos los ojos, y le reconocieron; mas él se desapareció de su vista.

—LUCAS 24:13-16, 27, 31

Durante tres gloriosos años, los seguidores de Cristo habían vivido con él y aprendido de él. Pero en tan corto tiempo, todo llegó a una conclusión abrupta y chocante. Fue agresivamente ejecutado y su cuerpo colocado en una húmeda, oscura y fría tumba. Todos los discípulos lo habían abandonado y huido. Dos de ellos, de la aldea de Emaús, iban de regreso a su hogar, lamentándose: «Pero nosotros esperábamos que él era el que había de redimir a Israel» (Lucas 24:21). Sin embargo, esa esperanza fue sepultada en la tumba de José de Arimatea a las afueras de las murallas de la ciudad de Jerusalén. Abatidos y consternados, eran la prueba viviente de que no hay poder en el presente cuando ya no hay esperanza en el futuro.

De pronto, el Cristo resucitado se les apareció y comenzó a caminar con ellos, aunque «no le conociesen» (Lucas 24:16). Mientras iban andando, Jesús «les declaraba en todas las Escrituras lo que de él decían» (Lucas 24:27). La palabra *declaraba* sugiere algo traducido de un idioma extranjero. Con la Biblia sucede así. Es un idioma extranjero para quienes no caminan en el Espíritu de Cristo. Después de esta increíble conversación con Jesús, «fueron abiertos los ojos» de los discípulos (Lucas 24:31), y se decían entre sí: «¿No ardía nuestro corazón en nosotros, mientras nos hablaba en el camino, y cuando nos abría las Escrituras?» (Lucas 24:32).

Jesús, «comenzando desde Moisés, y siguiendo por todos los profetas», les reveló lo que de él decían en cada libro de la Biblia. Desde el Pentateuco hasta los profetas, Jesús predicó a Jesús en el camino a Emaús. Desde Moisés hasta Malaquías, les reveló cómo toda la Biblia judía hablaba de él. Entretanto les enseñaba, una sombra de la cruz se posó en el Antiguo Testamento y «fueron abiertos los ojos». Él era el carnero en el altar de Abraham. Él era el cordero sin mancha de Pascua cuya sangre fue derramada para traer libertad de la esclavitud y liberación de la muerte. Él era la cuerda escarlata que colgaba de la ventana de Rahab y el pastor sobre quien el rey David habló tanto en sus salmos. Él, también, era el Señor Jesús. Mientras estos dos discípulos continuaban escuchando, comprendieron que Jesús era aquel siervo afligido de Isaías, como también el cuarto varón en el horno de fuego ardiente con Sadrac, Mesac y Abed-nego. Con razón ardían sus corazones mientras hablaba con ellos y les revelaba las Escrituras en el camino. Y así, tan misteriosamente como había llegado, «desapareció de su vista» (Lucas 24:31).

Con corazones ardientes y palpitantes, los discípulos se apresuraron a regresar a Jerusalén, corriendo en las curvas y por los pasajes estrechos hasta subir al monte de Sion, para finalmente encontrar a los otros discípulos y contarles las buenas nuevas: «Ha resucitado el Señor verdaderamente [...] Entonces ellos contaban las cosas que les habían acontecido en el camino, y cómo le habían reconocido» (Lucas 24:34-35).

> Jesús, «comenzando desde Moisés, y siguiendo por todos los profetas», les reveló lo que de él decían en cada libro de la Biblia.

Uno de estos dos discípulos se llamaba «Cleofas» (Lucas 24:18). El otro es desconocido. Tal vez haya permanecido anónimo para que usted y yo podamos encontrarnos en esta escena mientras andamos por nuestro propio camino a Emaús. Si tenemos ojos para ver, Jesús está con nosotros, *ahora mismo*. Si tenemos oídos para oír, todavía nos habla en el camino, por medio de su Espíritu y a través de su Palabra. Y cuando nos despertemos a esta verdad, quizás nos unamos a ellos al decir: «¿No ardía nuestro corazón en nosotros, mientras nos hablaba en el camino, y cuando nos abría las Escrituras?».

Los corazones desanimados y fríos de los dos discípulos de Emaús se encendieron cuando Jesús les reveló el significado de las Escrituras. Nada ha cambiado en estos dos milenios pasados. La Biblia es un libro sellado hasta que Jesús nos lo revele. Aquellos que no le conocen pueden adquirir un conocimiento intelectual acerca de él a través de la Biblia, pero jamás obtendrán un conocimiento espiritual ni hallarán la verdad sin él. Todos necesitamos que nuestros ojos sean abiertos ante el hecho de que él aún continúa caminando a nuestro lado y nos sigue revelando las Escrituras. Jesús está aquí en Lucas. Él fue… y aún es… la tercera persona en nuestro camino a Emaús.

ENCONTRAR A JESÚS EN JUAN

Es la resurrección y la vida

Yo soy la resurrección y la vida; el que cree en mí, aunque esté muerto, vivirá. Y todo aquel que vive y cree en mí, no morirá eternamente. ¿Crees esto?

—JUAN 11:25-26

*E*ra un triste día sombrío en la pequeña aldea de Betania, en la ladera oriental del monte de los Olivos, Jesús se encontraba con una familia quebrantada y sus amigos cercanos en la tumba de Lázaro. De sus labios salió una declaración extraordinaria: «Yo soy la resurrección y la vida; el que cree en mí, aunque esté muerto, vivirá. Y todo aquel que vive y cree en mí, no morirá eternamente». Esta afirmación se encuentra entre los reconocimientos más audaces y categóricos de la deidad de nuestro Señor. La resurrección es aquello que lo separa de los miles de otros gurús y profetas que han aparecido en escena. Después de declararse a sí mismo como la resurrección y la vida, el vencedor de la muerte mira de frente sus rostros, y los nuestros, y hace esta pregunta crucial: «¿Crees esto?».

Una de mis frustraciones personales en cuanto a la lectura de la Escritura es que resulta, al igual que todos los demás escritos, lineal. Si tuviéramos una grabación de sus palabras reales, nos revelaría mucho más acerca de dónde colocó la inflexión para darle énfasis. Quizás haya preguntado: «¿Crees [*tú*] esto?». O «¿*Crees* esto?». O tal vez enfatizó la última palabra de la pregunta: «¿Crees *esto*?». La pregunta de Cristo es intensamente personal. Quizás para transmitir que nuestra salvación es un asunto personal e individual, Jesús haya preguntado: «¿Crees [*tú*] esto?». Después de todo, cuando se trata de la fe salvadora en la obra completa de Cristo, lo que importa no es lo que su madre o padre, su esposo o esposa o cualquier otra persona creen. Es la pregunta más personal de la vida. ¿Qué hay de usted? ¿Cree que la muerte y resurrección de Cristo deberían relegarse a alguna *antigua* repisa olvidada junto con otros mitos y fábulas antiguas? La pregunta es personal. ¿Cree *usted* esto?

Bien podría ser que cuando Jesús hizo esta pregunta en el cementerio de Betania, su énfasis estuviera colocado en la palabra *crees*. «¿*Crees* esto?». A él no le interesa si asentimos intelectualmente ante sus declaraciones. Quiere saber si creemos en lo que él dice. Es decir, ¿ponemos toda nuestra confianza y fe en él y en sus palabras? Con Jesús, siempre es una cuestión de fe. La pregunta de Jesús no es solo personal, es intencional: «¿*Crees* esto?».

Por último, llegamos al meollo de la cuestión sobre su declaración de ser «la resurrección y la vida». La fe verdadera siempre debe estar basada en verdades objetivas y hechos. Es muy probable que Jesús haya formulado la pregunta de este modo: «¿Crees *esto*?». En otras palabras, quiere saber si creemos su declaración sobre su *deidad*. Cuando Jesús dijo: «Yo soy», captó la atención de todos. «Yo soy» era el nombre de Dios que le fue revelado a Moisés cuando inquirió sobre su nombre en la zarza ardiente. Dios le instruyó a Moisés que les dijera a los israelitas que el «YO SOY me envió a vosotros» (Éxodo 3:14). Cuando Jesús dijo: «Yo soy», todos los que escuchaban reconocieron que era una expresión de su deidad. Más adelante, Pablo afirmaría esto cuando escribió: «Él es la imagen del Dios invisible» (Colosenses 1:15). Solo en el Evangelio de Juan se registró la afirmación de «YO SOY» por parte de Jesús en siete ocasiones diferentes. La pregunta no solo es personal e intencional, sino también precisa. «¿Crees *esto*?».

Pero eso no es todo. Jesús preguntó si creíamos *esto* —su declaración sobre el *destino*—. «Aunque esté muerto, vivirá» (Juan 11:25). Jesús quiere decir que el cuerpo va a morir, pero no el espíritu. Hay una parte de usted que vivirá mientras Dios viva, que es por los siglos de los siglos. Existe otra vida que es un millón de veces más larga que esta, una eternidad… con él. ¿Cree *esto*? Jesús quiere saber si usted cree en la declaración sobre su deidad y en su propio destino.

Hay muchas preguntas que debemos enfrentar en la vida. ¿A qué universidad asistiré? ¿Qué vocación seguiré? ¿Con quién pasaré el resto de mi vida en matrimonio? Pero solo hay una gran pregunta frente a la

> Jesús quiere saber si usted cree en la declaración sobre su deidad y en su propio destino.

muerte: «¿Crees esto?». Jesús introdujo esta pregunta con una declaración: «Yo soy la resurrección y la vida; el que cree en mí, aunque esté muerto, vivirá. Y todo aquel que vive y cree en mí, no morirá eternamente». Y entonces la pregunta crucial: ¿Cree esto? Resuelva este asunto de una vez al unirse a Marta, la hermana de Lázaro, al profesar: «Sí, Señor; yo he creído que *tú* eres el Cristo, el Hijo de Dios» (Juan 11:27, énfasis añadido).

Encontramos a Jesús, el gran YO SOY, caminando por las páginas de Juan; Él es la resurrección y la vida.

38 ENCONTRAR A JESÚS EN HECHOS

*Es el resplandor de luz en
el camino a Damasco*

*Mas yendo por el camino, aconteció que al llegar cerca de Damasco,
repentinamente le rodeó un resplandor de luz del cielo; y cayendo en
tierra, oyó una voz que le decía: Saulo, Saulo, ¿por qué me persigues?
Él dijo: ¿Quién eres, Señor? Y le dijo: Yo soy Jesús [...] Él, temblando
y temeroso, dijo: Señor, ¿qué quieres que yo haga?*

—HECHOS 9:3-6

odos nosotros hemos experimentado momentos deci-
sivos en nuestras vidas, esos instantes cuando el curso
de nuestra existencia toma una nueva dirección u otra dimensión. Toda la Escritura es inspirada por Dios (2 Timoteo
3:16), pero hay ciertos capítulos que parecen sobresalir del
resto, como es el caso del capítulo nueve de Hechos con su
sorprendente relato de la conversión del apóstol Pablo en el
camino a Damasco.

En la actualidad, el terrorismo en el Medio Oriente es un
acontecimiento frecuente, pero no es nada nuevo. Saulo de
Tarso era el maestro del terrorismo en su época. Y, al igual
que hoy, su actividad terrorista era en nombre de la religión.
Iba camino a Damasco para acabar con un surgimiento de
nuevos creyentes en Cristo que se reunían en esa ciudad. En

su viaje, dejó tras de sí rastros de sangre y muerte, todo ese tiempo creyendo que lo hacía por Dios. Lo encontramos por última vez en la Escritura cuando apedrearon a Esteban frente a la Puerta de los Leones en la ciudad de Jerusalén.

Saulo de Tarso era un judío de judíos. Fue instruido a los pies de Gamaliel, el gran rabino de su época. Su educación puede compararse con la que puede obtenerse en las instituciones más prestigiosas de la educación superior en el mundo occidental hoy en día. Era miembro del Sanedrín, equivalente a la Corte Suprema del país. El nuevo movimiento cristiano, que afirmaba que Jesús de Nazaret había resucitado de entre los muertos, estaba difundiéndose por todo Israel con miles de convertidos y presentaba un desafío alarmante para la fe judía. Era un movimiento que Saulo se sintió obligado a detener. Sin embargo, después de su conversión en Hechos 9, Saulo recibió un nuevo nombre, Pablo, y con su pluma redactó casi la mitad del Nuevo Testamento.

Después de relatar el testimonio de su conversión, Pablo dijo: «De repente me rodeó mucha luz del cielo; y caí al suelo» (Hechos 22:6-7). Una y otra vez, nos cautiva esta frase, *de repente*, de la Escritura. En el día de Pentecostés «de repente vino del cielo un estruendo» (Hechos 2:2). Lo que aconteció aquel día no fue el resultado de un proceso o desarrollo. No fue por merecimiento. Vino *de repente*. ¿Recuerda a los pastores de Belén? «Repentinamente» un gran coro angelical anunció el nacimiento del Salvador (Lucas 2.13). Más adelante, cuando Pablo y Silas fueron encarcelados en Filipos, «de repente» un gran terremoto abrió las puertas de la cárcel (Hechos 16:26). Y aquí en el camino a Damasco, «repentinamente» Jesús se le apareció a Pablo en un gran resplandor de luz del cielo (Hechos 9:3). Vaya las posibilidades si hoy solo viviéramos en el plano de esperar lo inesperado, lo *repentino*. A menudo, cuando menos lo esperamos, Dios también puede sorprendernos.

Cuando Jesús se le apareció a Pablo en un gran resplandor de luz, la respuesta inmediata de Pablo fue hacer dos de las preguntas más importantes de la vida. En primer lugar, preguntó ¿Quién?: «¿Quién eres, Señor?» (Hechos 9:5). Y en segundo, preguntó ¿Qué?: «¿Qué quieres que yo haga?» (Hechos 9:6). Antes de que podamos hallar la respuesta de la segunda pregunta, debemos saber con certeza la respuesta de la primera. ¿Quién es Jesús para usted? ¿Es simplemente un gran maestro, profeta u hombre santo? ¿O lo conoce por lo que él dijo que fue, el Mesías, el Cristo que vino «a buscar y a salvar lo que se había perdido» (Lucas 19:10)? Cuando Cristo reine y gobierne en el trono de su corazón por la fe, entonces, y solo entonces, comenzará a encontrar el propósito por el cual ha sido creado y podrá preguntar: «Señor, ¿qué quieres que *yo* haga?». En algún lugar hay una misión para usted en su reino aquí en la tierra, algo que nadie más puede hacer como usted.

> A menudo, cuando menos lo esperamos, Dios también puede sorprendernos.

El Señor Jesús aún tiene una forma de presentarse de manera inesperada en nuestras vidas para traernos a la realidad de su presencia... y, por lo general, como sucedió con Saulo de Tarso, es cuando de verdad creemos que estamos haciendo algo agradable para él. Tal vez no lo ha sorprendido «repentinamente» con un gran resplandor de luz, pero no tiene duda de que Dios lo ha sorprendido de todos modos. Quizás sea hora de preguntar: «¿Quién eres, Señor?». Y cuando esté convencido de que él es lo que dice que fue, haga la segunda pregunta: «Señor, ¿qué quieres que yo haga?». En esto consiste el verdadero éxito de la vida, en hallar la respuesta a esta pregunta, en conocer cuál es la voluntad de Dios para su vida ¡y cumplirla!

En verdad, Jesús está aquí en las palabras de Hechos. Es el resplandor de luz en el camino a Damasco, y en cada una de nuestras vidas.

39 ENCONTRAR A JESÚS EN ROMANOS

Es quien nos justifica

Porque a los que antes conoció, también los predestinó para que fuesen hechos conformes a la imagen de su Hijo, para que él sea el primogénito entre muchos hermanos. Y a los que predestinó, a éstos también llamó; y a los que llamó, a éstos también justificó; y a los que justificó, a éstos también glorificó.

—ROMANOS 8:29-30

*U*na cosa es ser perdonados, pero otra bastante distinta es ser *justificados*. Esta palabra significa declarar que una persona es justa, pura, como si no hubiera pecado jamás. Cristo no nos justificó porque somos dignos de justificación, sino que somos dignos porque hemos sido justificados por él por medio de la fe. No son *nuestras* obras las que nos justifican. Es *su* obra —su obra completa— en la cruz la que nos permite afirmarnos en su justicia para un día ser presentados sin mancha delante del trono del Padre. Un tribunal de justicia de hombres puede absolver a alguien de un delito. Puede otorgar un indulto por sus penas. Sin embargo, un tribunal humano nunca puede *justificar* a alguien por el delito cometido. Pero Jesús puede y lo hace porque la fe puesta en él «es contada por justicia» (Romanos 4:5) para los que creen.

La justificación es un eslabón importante en la cadena del proceso de redención de Cristo. Romanos 8:29-30 nos presenta cinco tramos de esta cadena, todos esenciales, y si cualquiera de ellos se rompe, se destruye toda la cadena de eventos. El primero de estos eslabones expresa la *sabiduría de Dios*: «Porque a los que antes conoció». La palabra en español *prognosis* deriva de este vocablo compuesto en griego que significa «conocimiento anticipado». Dios sabe todo antes de que suceda. Ni una sola vez en los Evangelios vemos a Jesús encontrarse ante una situación y exclamar: «Vaya, eso fue una sorpresa… ¡No lo vi venir!». Cristo conoce de antemano todos los acontecimientos que van a tener lugar en nuestras vidas. Ha visto todo antes de que suceda. Nada lo toma por sorpresa.

Esta verdad nos conduce al segundo tramo de la cadena donde descubrimos la *voluntad de Dios*: A los que antes conoció, «también los predestinó para que fuesen hechos conformes a la imagen de su Hijo». Esta palabra, *predestinó*, proviene de una preposición que significa «antes» y un vocablo que significa «horizonte». Es decir, Dios marcó nuestros límites de antemano. *Predestinación* es una de las palabras más incomprendidas de la Biblia. La palabra *elección* se refiere a las personas; por su parte, *predestinación* tiene que ver con los propósitos. Aquí en nuestro texto, ¿para qué los predestinó? «Para que fuesen hechos conformes a la imagen de su Hijo».

A continuación, encontramos una palabra sobre el *llamado de Dios*: «A éstos también llamó». Dios es el iniciador. Conoce de antemano, predestina y luego nos llama para él.

Existen dos tipos de llamados: el llamado exterior y el interior. La última invitación de la Biblia dice: «El Espíritu y la Esposa dicen: Ven» (Apocalipsis 22:17). ¿Quién es la esposa? La iglesia, la esposa de Cristo. Esta hace un llamado exterior de muchas maneras. Sin embargo, solo el Espíritu puede llamar a nuestros corazones. ¿Cómo es posible que dos personas que se sientan en el mismo banco, en el mismo culto de adoración, que escuchan el mismo sermón, en la misma unción, y una se levante como si nada importara y la otra caiga bajo una profunda convicción de pecado? El llamado interior de Dios a nuestros corazones es el que los abre a la verdad del evangelio.

Y ahora al meollo de la cuestión: «A los que llamó, a éstos también justificó». Aquí está la *obra de Dios* por nosotros. Él es quien nos justifica. Es aquel que no solo perdona y limpia nuestro pecado, sino que además lo justifica por nosotros delante del trono como si nunca hubiese sucedido. ¿Qué significa esto para mí? Jesús es mi Justificador. Dios puso en mi cuenta la justicia de su santo Hijo. Si yo le diera mi tarjeta Visa y le dijera que salga y compre todo lo que quiera y que lo ponga en mi cuenta, tiene

> La iglesia hace un llamado exterior de muchas maneras. Sin embargo, solo el Espíritu puede llamar a nuestros corazones.

la misma connotación del significado de la palabra *justificación*. Dios dice: «Suma todo a mi cuenta». Él atribuyó la justicia de Cristo por mí y en mí, indigno como soy. Cuando Dios lo mira, ve a Jesús y su justicia.

No es de extrañar, entonces, que en el último eslabón de esta cadena veamos la *adoración de Dios*: «A los que justificó, a éstos también glorificó». Aun cuando usted y yo esperemos ver nuestro ser glorificado, el tiempo verbal nos dice que Dios ya nos ve glorificados. Si no hubiera otra palabra en toda la Biblia sobre la seguridad eternal del creyente, esta bastaría. La justificación significa que hemos sido salvos de la *pena* del pecado. La santificación significa que somos salvos del *poder* del pecado. Y la glorificación significa que un día seremos salvos de la misma *presencia* del pecado. La carta de Pablo a los romanos es el mayor tratado teológico de la Biblia, y también fuera de ella. Cada palabra de cada versículo de cada capítulo está llena de verdad y significado. Encontramos a Jesús aquí en Romanos. Él es quien nos justifica. Es aquel que entregó su vida y derramó su sangre para justificarnos. Pablo lo expresó de esta manera cuando dijo que somos «*justificados gratuitamente* por su gracia, mediante la redención que es en Cristo Jesús» (Romanos 3:24, énfasis añadido).

40 ENCONTRAR A JESÚS EN PRIMERA CORINTIOS

Es el pan y el vino

Porque yo recibí del Señor lo que también os he enseñado: Que el Señor Jesús, la noche que fue entregado, tomó pan; y habiendo dado gracias, lo partió, y dijo: Tomad, comed; esto es mi cuerpo que por vosotros es partido; haced esto en memoria de mí. Asimismo tomó también la copa, después de haber cenado, diciendo: Esta copa es el nuevo pacto en mi sangre; haced esto todas las veces que la bebiereis, en memoria de mí.

—1 CORINTIOS 11:23-25

*E*n nuestra casa tenemos un viejo álbum de fotos familiares que nos acompaña desde hace décadas. Si le diera un vistazo, probablemente no significaría mucho para usted. Hay una fotografía de mi antigua casa con la cerca blanca en la calle Crenshaw, en Fort Worth. Hasta el día de hoy, llevo una cicatriz en mi pierna, recuerdo de la vez que desobedecí a mi padre y traté de escalarla. También está la pequeña casa en donde nos mudamos después de nuestra boda. Era una casa con tres habitaciones, detrás de otra casa, sin calefacción, a excepción de un radiador eléctrico que trasladábamos de habitación en habitación. Muchas mañanas nos levantábamos y veíamos que se había formado hielo en el interior de algunas de las ventanas. Y luego, por supuesto, hay fotografías de los abuelos, parientes y amigos a lo largo de los años. Ese viejo álbum puede significar poco para usted. Pero cuando abro sus páginas y las recorro, despierta recuerdos del gozo y la felicidad de nuestra vida.

Así como este álbum familiar me trae recuerdos del pasado, también los elementos en la mesa de la comunión —el pan y el vino— evocan recuerdos para quienes hemos nacido de nuevo en la familia de Dios. Jesús nos instruyó que lo recordáramos cuando compartiéramos la Santa Cena. Nos referimos a ella como «la Cena del Señor» por una razón. Es de él. No es mía ni nuestra. Por lo tanto, es él quien nos extiende la invitación y nosotros somos los invitados a su mesa, así como lo fueron los discípulos en el aposento alto la noche de esa última cena.

> Nos referimos a ella como «la Cena del Señor» por una razón. Es de él. No es mía ni nuestra.

A lo largo de los siglos, desde las cárceles hasta los palacios, desde las catacumbas en Roma hasta los creyentes escondidos en iglesias domésticas en China, hasta aquellos reunidos en santuarios con altos campanarios y vitrales en el mundo occidental, todo aquel que se acerque a la mesa del Señor es bienvenido por su fe puesta en Cristo. Y en cualquier momento y lugar que los creyentes se reúnan para tomar la Santa Cena, se lee este pasaje de Pablo a los corintios. Él «[recibió] del Señor» (1 Corintios 11:23) lo mismo que les ha enseñado a ellos y a nosotros. Podemos encontrar cuatro recordatorios importantes en estas palabras apostólicas.

En primer lugar, en la mesa del Señor hay una *palabra de explicación*. Pablo insistió en que solo transmitía lo que había recibido del Señor. La Cena del Señor y el bautismo constituyen las dos ordenanzas de la iglesia en las cuales se presenta claramente el evangelio. En el acto del bautismo por inmersión, vemos representada la muerte, la sepultura y la resurrección del Señor. En la Santa Cena, vemos su cuerpo —molido por nosotros— cuando partimos el pan sin levadura. Y en la copa —el rico fruto rojo de la viña—, vemos una vívida imagen de su sangre derramada para la remisión de pecados. Jesús dijo: «Esto es mi cuerpo [...] Esta copa es el nuevo pacto en mi sangre» (1 Corintios 11:24-25).

Al acercarnos a la mesa del Señor, también notamos una *palabra de exaltación*. La Biblia dice: «Habiendo dado gracias», partió el pan y lo compartió con sus seguidores. El momento de la Santa Cena nos invita a tener corazones agradecidos. No participamos de la cena del Señor para recordarle algo, sino para recordarlo a él. Somos un pueblo agradecido.

Cuando tomamos el pan y la copa, también expresamos una *palabra de expectativa*. Pablo dijo: «Así, pues, todas las veces que comiereis este pan, y bebiereis esta copa, la muerte del Señor anunciáis hasta que él venga» (1 Corintios 11:26). La Cena del Señor no se trata solo de mirar atrás, sino de mirar hacia adelante. Él regresará. Cuando viajo, llevo una fotografía de mi esposa, Susie, y suelo colocarla sobre la mesa de luz de la habitación del hotel. Pero no hago eso cuando estoy en casa. ¿Por qué? Porque allí la tengo físicamente presente.

En nuestra dispensación, mientras él está físicamente ausente, lo recordamos con el pan y la copa. Pero un día, regresará, y guardaremos este retrato de él porque «le veremos tal como él es» (1 Juan 3:2).

Por último, hay una *palabra de introspección*. Pablo continuó: «Pruébese cada uno a sí mismo, y coma así del pan, y beba de la copa» (1 Corintios 11:28). Los momentos de la Santa Cena pueden ser tiempos de refrigerio en la presencia del Señor cuando los empleamos para examinarnos y hallar limpieza y un nuevo comienzo por medio de la confesión y el arrepentimiento.

¿Cuándo fue la última vez que abrió su propio álbum espiritual? El pan y la copa despiertan en cada creyente cálidos y maravillosos recuerdos de la vez que conocieron a Jesús. Porque conocerle a él es conocer la vida, la cual es abundante y eterna. Encontramos a Jesús aquí en la primera carta de Pablo a la iglesia de Corinto… Él es el pan y el vino.

41 ENCONTRAR A JESÚS EN SEGUNDA CORINTIOS

Es la autoridad suprema

Porque es necesario que todos nosotros comparezcamos ante el tribunal de Cristo, para que cada uno reciba según lo que haya hecho mientras estaba en el cuerpo, sea bueno o sea malo.

—2 CORINTIOS 5:10

*Q*uizás no haya otro tema más relegado al olvido que el referente a que cada uno de nosotros un día compareceremos ante el Juez supremo de toda la tierra. En este tribunal no habrá juicios nulos, ni apelaciones, ni libertad condicional, ni sentencias de adjudicación, ni jurados en desacuerdo. Este es el único tribunal donde la justicia suprema y perfecta prevalecerá.

El tema del juicio final es uno de los más confusos para muchos creyentes. Sin embargo, cuando entendemos que existen diferentes juicios descriptos en la Biblia, tenemos una mayor claridad y comprensión de lo que ha de venir. Así que aquí viene el Juez.

El primer juicio que nos concierne ya ha tenido lugar. Es el *juicio del pecado* de los creyentes. Jesús dijo: «De cierto, de cierto os digo: El que oye mi palabra, y cree al que me envió, tiene vida eterna; y no vendrá a condenación, mas ha pasado de muerte a vida» (Juan 5:24). Si quiere una buena noticia, ¡aquí tiene! Dios juzgó el pecado del creyente un día oscuro a las afueras de las murallas de la ciudad de Jerusalén pues «al que no conoció pecado, [Dios] por nosotros lo hizo [a Cristo] pecado» (2 Corintios 5:21). Y por eso Pablo podía decir confiadamente: «Ya *no* hay ninguna condenación [juicio] para los que están unidos a Cristo Jesús» (Romanos 8:1, NVI, énfasis añadido).

Está el *juicio de los pecadores*, conocido como el juicio ante el «gran trono blanco» (Apocalipsis 20:11), que aguarda a todos los que vivieron y murieron sin confiar en Cristo como su Salvador personal. Juan fue el único de los apóstoles que no murió como mártir. A sus noventa y pico de años, fue exiliado a la solitaria isla de Patmos por los romanos. Allí, Dios le abrió los cielos y le reveló lo que había de venir. Inspirado por el Espíritu Santo, Juan cuidadosamente escribió lo que vio: «Y vi un gran trono blanco y al que estaba sentado en él, de delante del cual huyeron la tierra y el cielo, y ningún lugar se encontró para ellos. Y vi a los muertos, grandes y pequeños, de pie ante Dios; y los libros fueron abiertos [...] Y el que no se halló inscrito en el libro de la vida fue lanzado al lago de fuego» (Apocalipsis 20:11-12, 15).

Cada persona impía que haya vivido en esta tierra comparecerá ante Cristo para dar cuenta de su vida. A estas almas perdidas se las declarará culpables ante el gran trono blanco y serán lanzadas a una eternidad de tinieblas sin Dios. Perdidas sin esperanza, perdidas sin ayuda y perdidas en el tiempo. Perdidas, por siempre perdidas.

Sin embargo, para aquellos de nosotros que hemos puesto nuestra confianza solo en Cristo, hay buenas nuevas. Compareceremos ante el «tribunal de Cristo» en el *juicio de los santos*. En este juicio, el cual tendrá lugar inmediatamente después de la venida de Cristo, todas nuestras obras serán juzgadas, no nuestros pecados. Nuestros pecados fueron juzgados en la cruz cuando Cristo asumió por nosotros el juicio que merecíamos. Aquí, en el tribunal, aquel que juzga bien todas las cosas determinará el grado de nuestras recompensas.

En este juicio de los santos sucede algo maravilloso. Cuando comparezcamos delante de Cristo, nuestro juez, él bajará del estrado, se parará a nuestro lado y abogará por nuestra causa. Como dijo el apóstol Juan: «Abogado tenemos para con el Padre, a Jesucristo el justo» (1 Juan 2:1). Cristo —nuestro abogado, nuestro propio abogado defensor— abogará por nuestra causa ante el tribunal del juicio. Y la buena noticia es que Dios no podrá ver nuestros pecados por causa de la sangre de Jesús, la cual ha sido aplicada en nuestras vidas por su gracia y por medio de nuestra fe.

> En el tribunal, aquel que juzga bien todas las cosas determinará el grado de nuestras recompensas.

Encontramos a Jesús aquí en 2 Corintios; él es nuestro Juez fiel. Cristo vendrá a juzgar al mundo. El Señor Jesús es el único Juez justo y verdadero. Ninguno de nosotros puede juzgar el corazón de alguien más. A fin de cuentas, podemos descansar en la verdad de Génesis 18:25: «El Juez de toda la tierra, ¿no ha de hacer lo que es justo?».

Tome un momento para aquietar su mente y meditar en el maravilloso privilegio que tenemos como creyentes en Cristo. «Abogado tenemos para con el Padre» y su dulce nombre es Jesús. En definitiva, la única pregunta que realmente importa en este mundo, y en el venidero, es esta: ¿está su nombre en el libro de la vida? ¡Porque aquí viene el Juez! Él es la autoridad suprema.

42 ENCONTRAR A JESÚS EN GÁLATAS

Es aquel que vive en mí

Con Cristo estoy juntamente crucificado, y ya no vivo yo, mas vive Cristo en mí; y lo que ahora vivo en la carne, lo vivo en la fe del Hijo de Dios, el cual me amó y se entregó a sí mismo por mí.

—GÁLATAS 2:20

Conocí a Cristo como mi Salvador personal cuando era un joven de diecisiete años que ni siquiera podía contar con una mano el número de veces que había entrado a una iglesia. Para mí fue como pasar de las tinieblas a la luz. Sabía que algo grande y glorioso había ocurrido en mi interior. De inmediato, comencé a amar lo que solía odiar y a odiar lo que solía amar. Recuerdo preguntarle a uno de mis nuevos amigos cristianos: «¿Qué me sucedió?». Me señaló Gálatas 2:20. Lo memoricé aquel día, y a lo largo de las décadas lo he guardado en mi corazón como uno de los versículos que marcaron mi vida.

Como las abejas en un panal, este versículo revolotea con siete pronombres personales. Solo este versículo tal vez sea la descripción personal más completa e intensa de la vida cristiana que puede hallarse en el Nuevo Testamento. «¡Vive Cristo en mí!». Medite en esta declaración de cuatro palabras. Cuán maravilloso pensamiento. Este gran Dios

Creador ha venido para morar en mí. Esta es la esencia misma de la vida cristiana. ¡El Señor Jesús vive, en este preciso momento, en mí!

Gálatas 2:20 revela tres cosas importantes que Cristo ha hecho por nosotros. En primer lugar, tomó nuestra vieja vida. Pablo dijo: «He sido crucificado con Cristo». Oímos mucho de cómo Cristo fue crucificado *por* nosotros. Pero el apóstol fue más allá al revelarnos que hemos sido crucificados *con* Cristo. Cuando el Señor Jesús fue colgado en la cruz del Calvario, la multitud veía solo a un hombre en esa cruz del centro. Pero Dios el Padre no veía solo a Cristo, sino a usted y a muchos otros que pondrían su confianza en él, colgados con él en esa cruz del centro. Cuando recibimos a Cristo, Dios toma nuestra vieja vida. Somos «crucificados con Cristo». En la cultura del primer siglo, una persona cargando una cruz significaba solo una cosa: estaba destinada a morir. El llamado de la fe es tomar nuestra cruz y vivir como hombres y mujeres muertos, muertos a nuestra vieja vida y nacidos a una vida nueva en Cristo.

> Esta es la esencia misma de la vida cristiana. ¡El Señor Jesús vive, en este preciso momento, en mí!

El señor Jesús también puso algo dentro de nosotros: una nueva vida en él. «Ya no vivo yo, mas vive Cristo en mí» (Gálatas 2:20). Nuestra vida nueva en Cristo no es una vida reformada. Tampoco es una vida mejorada. Ni siquiera es una vida cambiada. Es una vida *intercambiada*. Le damos a Dios nuestra vieja vida, y él nos da una vida nueva. Deténgase y vuelva a meditar por un momento en este pensamiento asombroso: «Vive Cristo en mí». No hay manera de derrotar a los que creen que Cristo vive hoy y ha venido a morar en nuestras vidas.

Pero eso no es todo. Pablo continuó diciendo que también nos da algo: su propia vida. «El cual me amó y se entregó a sí mismo por mí» (Gálatas 2:20). Existen dos realidades que desearía que el mundo entero pudiera conocer: Dios nos ama y Cristo entregó su vida por nosotros. En el idioma del Nuevo Testamento, estos dos verbos son aoristos por naturaleza, es decir, en un momento puntual el gran amor de Dios lo llevó a la cruz y allí, por su propia voluntad, «se entregó a sí mismo por mí».

Piense en esto… «Me amó». Si pudiéramos preguntarle a Pablo cómo Cristo demostró su amor por nosotros, respondería sin ni siquiera pestañear: «Se entregó a sí mismo por mí». Jesús no solo habló obviedades sobre su amor, sino que también lo demostró. Murió en mi lugar. Tomó mi pecado para que yo pudiera tomar su justicia. Su amor lo condujo a sufrir mi muerte para que yo pudiera vivir su vida. «¡Se entregó a sí mismo por mí!». ¡Qué maravilloso Salvador!

Esta carta al pueblo que habitaba en la región de Galacia fue una de las grandes primeras cartas del apóstol escrita poco después de su primer viaje misionero. Encontramos a Jesús aquí en Gálatas. Él es aquel que promete que nunca nos dejará ni nos abandonará. Es aquel que vive en mí… y en usted, si ha puesto su confianza solo en él.

43 ENCONTRAR A JESÚS EN EFESIOS

Es nuestra inescrutable riqueza

A mí, que soy menos que el más pequeño de todos los santos, me fue dada esta gracia de anunciar entre los gentiles el evangelio de las inescrutables riquezas de Cristo.

—EFESIOS 3:8

*E*ntrelazado en la carta de Pablo a los efesios aparece el concepto de las «riquezas» de Cristo. Él dijo: «En él tenemos la redención mediante su sangre, el perdón de nuestros pecados, conforme a las riquezas de la gracia» (Efesios 1:7, NVI). Luego, Pablo manifestó su deseo de que su entendimiento fuera alumbrado «para que sepáis cuál es la esperanza a que él os ha llamado, y cuáles las riquezas de la gloria de su herencia en los santos» (Efesios 1:18). Continuó diciendo: «Pero Dios, que es rico en misericordia [...], juntamente con él nos resucitó [...] en los lugares celestiales con Cristo Jesús, para mostrar en los siglos venideros las abundantes riquezas de su gracia en su bondad para con nosotros en Cristo Jesús» (Efesios 2:4, 6-7). Después Pablo oró «para que os dé, conforme a las riquezas de su gloria, el ser fortalecidos con poder en el hombre interior por su Espíritu» (Efesios 3:16).

El argumento del mensaje de Pablo a los gentiles fue lo que él llamó «las inescrutables riquezas de Cristo» (Efesios 3:8).

Enumera estas «inescrutables riquezas» en Efesios 1:7, NVI: «En él tenemos la redención mediante su sangre, el perdón de nuestros pecados, conforme a las riquezas de la gracia». Solo en este versículo, tenemos la esencia del mensaje apostólico del Nuevo Testamento. Comienza con la frase «En él». Cristo no nos ofrece una religión o un ritual, sino una relación personal y vibrante con él. Aquello que nos ofrece se encuentra «en él».

La vida se trata de relaciones. La conclusión es que nunca podremos relacionarnos apropiadamente con otros hasta que nos relacionemos apropiadamente con nosotros mismos. Y esto nunca sucederá hasta que descubramos cuán valiosos somos para Cristo al entrar en una relación personal con él y «en él».

Estas riquezas de las cuales Pablo predicaba nos revelan que «tenemos la redención» (Efesios 1:7). *Ahora mismo.* El verbo que Pablo empleó aquí está en el tiempo presente activo del modo indicativo, que significa que el evento está ocurriendo en este preciso momento. No necesitamos esperar la redención. La tenemos «en él». Muchos buscan la gratificación inmediata, pero la verdadera gratificación viene cuando descubrimos las inescrutables riquezas de Cristo. Y podemos saber que es aquí y ahora.

El mensaje de Pablo de que estamos «en él» y que «tenemos la redención» tiene un costo muy alto. La siguiente frase de su mensaje sobre las riquezas de Cristo nos revela esta verdad: «mediante su sangre». Las riquezas de Cristo tienen un alto precio, pero pueden ser nuestras sin costo ni condición. No es por su poder, ni por su amor, ni por su enseñanza, sino es a través de su sangre que él ha abierto un camino para que nosotros podamos tener una relación con el Padre. Este privilegio no se gana ni se merece, tampoco se puede comprar. Es un regalo que nos fue dado gratuitamente por medio del sacrificio de su propia sangre. Solo necesitamos creer y seguirle.

¿Y el resultado? «El perdón de nuestros pecados». Solo por medio de Cristo podemos hallar el perdón de nuestro pecado. Entonces, como lo prometió el salmista: «Cuanto está lejos el oriente del occidente, hizo alejar de nosotros nuestras rebeliones» (Salmos 103:12). Deberíamos estar eternamente agradecidos de que la promesa de Dios sea de oriente a occidente y no de norte a sur. El norte y el sur tienen extremos. Está el Polo Norte y el Polo Sur. Sin embargo, el oriente y el occidente no tienen fin; simplemente continúan. Dios hizo alejar de nosotros nuestro pecado para siempre.

Pablo dijo que esta buena nueva es «conforme a las riquezas de la gracia» (Efesios 1:7, NVI). Observe con atención las palabras de Pablo. Dijo «conforme a» y no «de» las riquezas de su gracia. Si yo le diera un dólar, se lo estaría dando «de» mis riquezas. Pero si le entregara un cheque en blanco con mi firma para que usted lo use como quiera, se lo estaría dando «conforme a» mis riquezas. Dios es rico en gracia y misericordia para con nosotros. Nos da gratuitamente «conforme a las riquezas de la gracia». Recibimos estas riquezas por medio del sacrificio de Jesús: «Porque ya conocéis la gracia de nuestro Señor Jesucristo, que por amor a vosotros se hizo pobre, siendo rico, para que vosotros con su pobreza fueseis enriquecidos» (2 Corintios 8:9).

Aquello que muchos de nosotros creemos que necesitamos no es *algo* sino *alguien*. Y su dulce nombre es Jesús. Lo encontramos aquí en la carta de Pablo dirigida a lo que vivían en la región de Éfeso. Jesús fue, es y por siempre será nuestra «inescrutable riqueza».

44 ENCONTRAR A JESÚS EN FILIPENSES

Es nuestro premio

Hermanos, yo mismo no pretendo haberlo ya alcanzado; pero una cosa hago: olvidando ciertamente lo que queda atrás, y extendiéndome a lo que está delante, prosigo a la meta, al premio del supremo llamamiento de Dios en Cristo Jesús.

—FILIPENSES 3:13-14

La carta de Pablo a los creyentes en Filipos está llena de una perla espiritual tras otra. Podemos vislumbrar el corazón del apóstol cuando lo oímos decir lo siguiente:

- «Porque para mí el vivir es Cristo, y el morir es ganancia» (Filipenses 1:21).
- «Para que en el nombre de Jesús se doble toda rodilla [...] y toda lengua confiese que Jesucristo es el Señor, para gloria de Dios Padre» (Filipenses 2:10-11).
- «A fin de conocerle, y el poder de su resurrección, y la participación de sus padecimientos, llegando a ser semejante a él en su muerte» (Filipenses 3:10).
- «Todo lo puedo en Cristo que me fortalece» (Filipenses 4:13).

Ninguna otra carta del Nuevo Testamento contiene un

enfoque tan claro sobre lo que Pablo llamó «el premio», el cual identifica como el «supremo llamamiento de Dios», que se encuentra en Cristo Jesús nuestro Señor. En Filipenses, Jesús es nuestro premio.

Enfoque. Esa simple palabra contiene la llave del éxito de tantos esfuerzos de la vida. Este era el principal interés de Pablo a lo largo de sus cartas. En Colosenses, nos desafió: «poned la mira en las cosas de arriba» (Colosenses 3:2). También es el centro de su mensaje a los filipenses, cuando les dijo: «Pero una cosa hago» (Filipenses 3:13). La capacidad de obtener y de luego mantener el enfoque es uno de los elementos clave necesarios para el crecimiento espiritual de la vida cristiana. Mantener a Cristo, nuestro premio, en el centro de nuestras vidas nos conducirá a realizar cuatro cosas muy importantes:

1. *El enfoque en nuestro premio mantendrá nuestras prioridades en orden.* Pablo dijo: «Una cosa hago». No diez, no cinco, ni siquiera dos cosas. Sino *una* cosa hago. El enfoque nos ayudará a mantener nuestras prioridades en orden. Una vez que hayamos definido nuestro objetivo, este comenzará a definirnos a nosotros.

2. *El enfoque en Jesús, nuestro premio, nos dará una mentalidad que mira hacia adelante, lo cual es sumamente importante para el crecimiento espiritual.*

Muchos de nosotros somos propensos a pasar demasiado tiempo mirando a nuestro alrededor o, peor aún, poniendo nuestra mira en los errores o victorias del pasado. Pablo nos desafía a extendernos «a lo que está delante». Enfocarnos en Jesús nos guiará a tener una falta de memoria sabia del pasado y nos permitirá continuar más allá de nuestros límites.

3. *El enfoque en Jesús traerá a nuestras vidas una pasión fresca que nos infundirá un deseo por hacer lo que es requerido… y más.* Pablo expresó esta idea así: «Prosigo». La palabra *proseguir* lleva implícita la idea de un esfuerzo intenso, como un ávido cazador que nunca se rinde cuando persigue su presa. Pablo era capaz de «[proseguir] a la meta» porque se había enfocado en «una cosa» como la prioridad principal de su vida.

4. *Por último, el enfoque nos permite saber hacia dónde vamos.* ¿Hacia dónde dijo Pablo que proseguía? «A la meta». Esta palabra griega es el fundamento de la palabra inglesa *scope* [mira]. Como la mira de un rifle, estar enfocados nos permite establecer nuestras metas y prioridades en el punto de mira. Nos permite saber hacia dónde vamos y cómo vamos a llegar allí.

Enfocarse, ver a Jesús como nuestro premio, es la fuente de una vida exitosa. Nos ayuda a emprender nuestras tareas con el final en mente. ¿Cuál es la meta por la cual se está esforzando? ¿Cuál es su punto de mira? Cuando comencemos a enfocarnos solo en Cristo, él pondrá nuestras prioridades en orden, nos dará el poder para extendernos hacia lo que está por delante, traerá una nueva pasión a nuestras vidas y nos permitirá ver claramente el final desde el principio.

Encontramos a Jesús aquí en Filipenses. Él es nuestro premio. Solo él debería estar en nuestro punto de mira. Mantenga su vida enfocada en ver a Jesús como su premio. Y cuando lo haga, será capaz de decir juntamente con Pablo: «Todo lo puedo en Cristo que me fortalece» (Filipenses 4:13). Y entonces la realidad de esta verdad se volverá personal cuando se una a él al expresar: «Porque para mí el vivir es Cristo, y el morir es ganancia» (Filipenses 1:21).

45 ENCONTRAR A JESÚS EN COLOSENSES

Es el Dios Creador

Él es la imagen del Dios invisible, el primogénito de toda creación. Porque en él fueron creadas todas las cosas, las que hay en los cielos y las que hay en la tierra, visibles e invisibles; sean tronos, sean dominios, sean principados, sean potestades; todo fue creado por medio de él y para él. Y él es antes de todas las cosas, y todas las cosas en él subsisten.

—COLOSENSES 1:15-17

*L*a mayoría de los creyentes comienzan la historia de Jesús demasiado tarde. Cuando se habla de su origen, muchos de nosotros hablamos de Belén y de esa noche estrellada cuando Cristo nació de la virgen María en un establo maloliente del Medio Oriente, porque no había lugar para ellos en la posada. Luego procedemos a contar de su vida, su muerte y resurrección, y la promesa de su regreso para llevarnos a nuestra morada en el cielo con él. Sin embargo, en estas palabras de Pablo a los colosenses, encontramos una de las afirmaciones más increíbles de toda la Biblia. Nos remonta a un tiempo anterior a Belén, incluso antes de la creación, a los concilios eternos de Dios antes del inicio de los tiempos. Pablo se refirió a Jesús no solo como la «imagen del Dios invisible», sino que también dijo: «Porque en él fueron creadas todas las cosas [...] Y él es antes de todas las cosas». Encontramos a Jesús aquí en Colosenses, como el gran Dios Creador.

Pablo describió a nuestro Señor como la «imagen del Dios invisible». La palabra griega que se tradujo como *imagen* es el mismo vocablo del cual deriva la palabra ícono. Jesús es el retrato mismo de Dios. Si desea saber cómo es Dios y cómo luce, solo abra el Nuevo Testamento y mire a Jesús. Es el ícono, el retrato, la imagen expresa de Dios. Juan hizo eco de esta verdad en su propio Evangelio cuando dijo: «En el principio era el Verbo, y el Verbo era con Dios, y el Verbo era Dios» (Juan 1:1). Y para que no haya posibilidades de malinterpretar la identidad de aquel de quien hablaba, Juan continuó: «Y aquel Verbo fue hecho carne, y habitó entre nosotros (y vimos su gloria, gloria como del unigénito del Padre), lleno de gracia y de verdad» (Juan 1:14). El escritor de Hebreos también agregó que en estos últimos días Dios nos ha hablado por medio de su Hijo que es «la imagen misma de su sustancia» (Hebreos 1:3).

Jesús no apareció en la escena de Belén. Ha estado aquí todo el tiempo. Cuando leemos en el versículo inicial de la Biblia: «En el principio creó Dios los cielos y la tierra» (Génesis 1:1), encontramos a Jesús allí. No deberíamos pensar en Génesis 1:1 como el principio de todas las cosas, pues no lo fue. «En el principio era el Verbo» y el Verbo es Jesús. Cuando leemos Génesis 1:1 en el hebreo original, encontramos la palabra *Elohim*, que traducimos como «Dios». Lo significativo de esta palabra es que está en la forma plural, dándonos a entender con estas primeras palabras de la Biblia que Dios es realmente tres en uno: Padre, Hijo y Espíritu Santo. Es interesante notar que el verbo *creó*, el cual acompaña a este sustantivo, aparece en la forma singular, como si se estuviera burlando de la gramática. Y, sin embargo, debería estar en singular dado que *Elohim* es un Dios, el gran tres en uno. Vemos esta verdad revelada más adelante en Génesis 1:26 cuando leemos: «*Hagamos* al hombre a *nuestra* imagen» (énfasis añadido). De este modo, podemos ver la verdad de las palabras de Pablo cuando escribió: «En [Jesús] fueron creadas todas las cosas» (Colosenses 1:16).

Jesús estuvo allí en la creación. De hecho, es el Dios Creador. Existe una gran diferencia entre crear algo y hacer algo. Muchos de nosotros hemos *hecho* cosas, pero ninguno ha *creado* algo de la nada. Un ebanista puede hacer un hermoso mueble de madera. Sin embargo, es totalmente incapaz de crear la madera. Jesús creó este universo físico por medio de su palabra. Y cuando creó la humanidad, le dio a cada individuo —de los miles de millones que han vivido, viven y vivirán— una huella digital y un ADN únicos. Esa clase de creatividad no es posible sin un Creador que lo considera indescriptiblemente valioso. Y usted no solo fue creado *por* él, sino también «*para* él» (Colosenses 1.16, énfasis añadido). Usted es alguien muy especial para Jesús.

> Jesús estuvo allí en la creación. De hecho, es el Dios Creador.

En su carta a los colosenses, Pablo alcanzó el ápice de su argumento cuando declaró: «Y todas las cosas en él subsisten» (Colosenses 1:17). Jesús no solo es nuestro Creador, sino también nuestro sustentador. Es el que mantiene todo unido. El tiempo perfecto del verbo indica que continúa uniéndolo todo y, si no lo hiciera, prácticamente todo se desintegraría. Jesús sostiene el aliento que usted está respirando ahora mismo mientras lee estas páginas. Cuando comprendamos lo que Pablo ha dicho aquí en Colosenses, cesaremos de buscar en cualquier otro lado el verdadero propósito y significado de la vida. Este solo puede hallarse en Jesús. Encontramos a Jesús aquí en Colosenses. Él es nuestro gran Dios Creador.

ENCONTRAR A JESÚS EN PRIMERA Y SEGUNDA TESALONICENSES

Es nuestro Rey que viene pronto

Tampoco queremos, hermanos, que ignoréis acerca de los que duermen, para que no os entristezcáis como los otros que no tienen esperanza. Porque si creemos que Jesús murió y resucitó, así también traerá Dios con Jesús a los que durmieron en él. Por lo cual os decimos esto en palabra del Señor: que nosotros que vivimos, que habremos quedado hasta la venida del Señor, no precederemos a los que durmieron. Porque el Señor mismo con voz de mando, con voz de arcángel, y con trompeta de Dios, descenderá del cielo; y los muertos en Cristo resucitarán primero. Luego nosotros los que vivimos, los que hayamos quedado, seremos arrebatados juntamente con ellos en las nubes para recibir al Señor en el aire, y así estaremos siempre con el Señor.

—1 TESALONICENSES 4:13-17

No existe una brecha más grande entre la iglesia primitiva de Hechos y la iglesia moderna del siglo veintiuno en relación con la manera en que cada una ve la segunda venida del Señor Jesucristo. ¿Cuándo fue la última vez que oyó un mensaje sobre este gran evento culminante de la historia humana? El tema del regreso de Cristo se ha olvidado prácticamente en las predicaciones y enseñanzas de la iglesia moderna. No obstante, estaba de manera continua en las mentes y labios de los primeros creyentes. En el Nuevo Testamento se habla de la segunda venida más que de cualquier otro tema y se menciona de manera prominente con más de trescientas referencias. *Maranata* (el Señor viene) era la palabra que constantemente estaba en sus labios. En la iglesia primitiva se saludaban entre sí con esta palabra. También se consolaban en sus angustias con dicha palabra. Se la gritaban a sus amigos cuando colgaban de las cruces de ejecución y eran quemados en la hoguera como mártires. Ellos se levantaban cada mañana y recostaban sus cabezas sobre la almohada cada noche esperando al Rey que había de venir.

Para muchos en la iglesia moderna hablar de las profecías sobre los planes de Dios en los últimos días provoca cejas levantadas, ojos vidriosos, y bostezos amplios y hasta audibles. Cuando los creyentes pierden sus esperanzas del futuro, recurren a no tener poder en el presente. Una de las principales razones de la falta de fervor evangelizador es la ausencia de expectativas, de estar preparados para la venida de Cristo. También resulta en una carencia alarmante de santidad y pureza personal, ya que cada vez más se vive con poca a ninguna urgencia de estar preparados para conocer al Señor en ese momento inesperado en que venga otra vez.

Esta es la esencia de la carta de Pablo a aquellos en Tesalónica. En estas cartas, edifica en ellos, y también en nosotros, un fundamento teológico sólido para nuestra vida actual y venidera. No quería que ninguno de sus lectores «ignorara» lo que concierne a estas cosas. Pablo enfatizó que el fundamento de la esperanza del creyente se encuentra en este hecho y en creer que «Jesús murió y resucitó». Y luego describió con representaciones vívidas cómo seremos «arrebatados» para recibir al Señor en el aire cuando regrese a llevarse a su iglesia. La palabra griega traducida como «arrebatados» significa robar o agarrar, quitar con violencia y fuerza. Y luego Pablo continuó con una de las promesas más reconfortantes de toda la Biblia: «Así estaremos siempre con el Señor».

> Pablo [...] describió con representaciones vívidas cómo seremos «arrebatados» para recibir al Señor en el aire cuando regrese.

Aquí, en Tesalonicenses, se nos recuerda que tenemos un Rey que viene pronto. Con respecto a su venida, Pablo clavó cuatro fuertes estacas en la tierra de la revelación. En primer lugar, es Cristo mismo que descenderá del cielo, tal como prometió en el aposento alto cuando declaró: «Y si me fuere y os preparare lugar, vendré otra vez, y os tomaré a mí mismo, para que donde yo estoy, vosotros también estéis» (Juan 14:3). En verdad, Jesús descenderá del cielo tal como el ángel prometió en su ascensión, al decir: «Varones galileos, ¿por qué estáis mirando al cielo? Este mismo Jesús, que ha sido tomado de vosotros al cielo, así vendrá como le habéis visto ir al cielo» (Hechos 1:11). En segundo lugar, Jesús regresará con voz de mando, con voz de arcángel y con el sonido de la trompeta de Dios. Luego, todos los que han muerto en Cristo resucitarán primero de sus tumbas para recibirle en el aire. Por último, los que vivimos para ver este acontecimiento seremos milagrosamente transformados y arrebatados con ellos en el aire para recibir al Señor y morar con él por todas las edades, por los siglos de los siglos. Con razón Pablo concluyó este párrafo al decir: «Por tanto, alentaos los unos a los otros con estas palabras» (1 Tesalonicenses 4:18).

¿Qué debemos hacer con anticipación a la venida del Señor Jesucristo? Debemos esperar, velar y trabajar. Santiago dijo que debemos esperar: «hermanos, tened paciencia hasta la venida del Señor» (Santiago 5:7). Pablo nos animó a velar «aguardando la esperanza bienaventurada y la manifestación gloriosa de nuestro gran Dios y Salvador Jesucristo» (Tito 2:13). Y, al final de su discurso en Corinto sobre la resurrección y la segunda venida, Pablo nos amonestó para que trabajáramos mientras esperamos y velamos cuando escribió: «Así que, hermanos míos amados, estad firmes y constantes, creciendo en la obra del Señor siempre, sabiendo que vuestro trabajo en el Señor no es en vano» (1 Corintios 15:58).

Encontramos a Jesús aquí en las cartas de Pablo a los tesalonicenses. Él es nuestro Rey que viene pronto. ¡*Maranata*… el Señor viene!

47 ENCONTRAR A JESÚS EN PRIMERA Y SEGUNDA TIMOTEO

Es el mediador entre Dios y el hombre

Porque hay un solo Dios, y un solo mediador entre Dios y los hombres, Jesucristo hombre.

—1 TIMOTEO 2:5

La mediación es un tópico controvertido en el mundo actual. Un *mediador* es aquel que acerca a las partes contendientes para trabajar en una solución razonable del conflicto. Los mediadores intervienen en cuestiones gubernamentales, empresariales, maritales y en muchos otros ámbitos en los que se necesite resolver una controversia.

Los conflictos dividirán a su equipo. Ya sea en el hogar, en la oficina, en el campo de juego, incluso en la iglesia, si no se resuelven pueden causar daños irreparables. La verdad es que donde haya dos individuos, con frecuencia existirá la necesidad de resolver los conflictos de manera efectiva. Las personas pierden sus empleos, los matrimonios se separan y las iglesias se dividen por el simple hecho de que los involucrados nunca han aprendido los secretos para la resolución de conflictos. Y, si bien los desacuerdos son inevitables en la vida, no tienen que ser destructivos.

Aquellos que resuelven sus diferencias y conflictos emplean cuatro principios valiosos que, cuando se ponen en práctica, pueden traer resultados positivos y productivos. Primero, los mediadores efectivos saben que hay un tiempo para apartarse. Son lo suficientemente sabios para darse cuenta de que cuando crece la tensión, lo mejor es dar un paso atrás y escuchar. Han aprendido que no deben retractarse de lo que no dicen. Segundo, los expertos en la mediación de conflictos también saben que hay un momento para defender lo que se cree justo. Tercero, los mediadores especializados se dan cuenta de que hay un tiempo para ceder —en realidad no importa perder unas pocas escaramuzas cuando se considera el plano general— a fin de ganar una guerra más grande. Y, por último, saben que hay un tiempo para hacer las paces, tomar la iniciativa de extender una mano de reconciliación.

Entre los muchos nombres de Jesús en la Biblia, hay uno que debemos atesorar en nuestros corazones, y es el que se usó en la carta de Pablo a Timoteo: el «mediador entre Dios y los hombres» (1 Timoteo 2:5). No hay otro. En casi cada página de los Evangelios, encontramos a Jesús mediando en diferentes conflictos. Solo en el Evangelio de Marcos encontramos a otros en conflicto con él en veintiséis ocasiones. Había conflicto con su propia familia, algunos incluso buscaron distanciarse de él. Había conflictos constantes con los fariseos religiosos. Había conflictos con sus mejores amigos. A donde quiera que los pies de Jesús lo llevaran por esas calles polvorientas de Judea y Galilea, los conflictos parecían girar a su alrededor. Y en cada instancia, lo vemos intentando mediar en esos conflictos y reconciliar a otros con Dios.

Considere la relación de la humanidad con Dios. Estábamos en conflicto con él, con su propósito y su plan para nuestras vidas. Tuvimos un buen comienzo en un paraíso perfecto. Pero escogimos tomar nuestro propio camino y hacer nuestra voluntad. «Por cuanto todos pecaron, y están destituidos de la gloria de Dios» (Romanos 3:23). Entonces vino Jesús, el mediador personal, para resolver nuestro conflicto y restaurar nuestra relación con el Padre.

Al ser el mediador por excelencia, Jesús empleó perfectamente los elementos para la resolución de conflictos. Primero, se apartó. ¿Puede verlo en el huerto de Getsemaní? En su hora más difícil, observamos que se aleja y se arrodilla debajo de esos antiguos olivos nudosos para escuchar su corazón y rendirse a la voluntad de su Padre.

> Al ser el mediador por excelencia, Jesús empleó perfectamente los elementos para la resolución de conflictos.

Luego, se levantó. Y vaya, ¡sí que se levantó! Véalo delante de Caifás, el sumo sacerdote. Delante de Herodes, el rey marioneta. Delante de Pilato, el gobernador romano. Cuando le preguntaron si verdaderamente era el Hijo de Dios, Jesús respondió con valentía: «Vosotros decís que lo soy» (Lucas 22:70).

Más tarde, Jesús cedió. Tenía un objetivo en mente, restaurar la relación quebrantada entre nosotros y Dios.

Entonces, no se resistió. No lo presionaron, ni empujaron, ni levantaron por la vía Dolorosa hasta el lugar de su ejecución. Se entregó a sí mismo y «como cordero fue llevado al matadero» (Isaías 53:7). Jesús entregó su vida por su propia voluntad.

Por último, Jesús alcanzó a otros. ¿Puede verlo con los ojos de su mente? Está suspendido entre el cielo y la tierra en una cruz romana. Sus brazos están extendidos para recibirnos, y nos implora que seamos «reconciliados con Dios» (Romanos 5:10). Con una mano, se acerca al Padre para tomar su mano. Con la otra, desciende para tomar la mano de usted y entrelazarla con su propia mano marcada por los clavos. ¿Y entonces? Toma le toma la mano y la coloca en la mano de Dios. Cuando se trata de resolución de conflictos, Jesús es el paradigma mismo. De hecho, él escribió un libro al respecto, la Biblia es la mayor historia sobre la resolución de conflictos jamás escrita.

Con razón Pablo le escribió a Timoteo y declaró que solo hay un «mediador entre Dios y los hombres, Jesucristo hombre» (1 Timoteo 2:5). Encontramos a Jesús aquí en Timoteo… Él es el mediador eterno entre Dios y el hombre.

48 ENCONTRAR A JESÚS EN TITO

Es nuestra esperanza bienaventurada

Porque la gracia de Dios se ha manifestado para salvación a todos los hombres, enseñándonos que, renunciando a la impiedad y a los deseos mundanos, vivamos en este siglo sobria, justa y piadosamente, aguardando la esperanza bienaventurada y la manifestación gloriosa de nuestro gran Dios y Salvador Jesucristo.

—TITO 2:11-13

Como leímos en las cartas de Pablo a los tesalonicenses, la iglesia primitiva vivía a la luz de la venida de Jesucristo. Ellos habían sido testigos de su resurrección y ascensión. Habían visto el milagro de la ascensión desde el monte de los Olivos, cuando fue alzado de la montaña, se elevó a través de las nubes y desapareció de su vista en un viaje de regreso al cielo, dejándolos con la última promesa de que «así vendrá como le habéis visto ir al cielo» (Hechos 1:11). Vivieron esperando ese momento. En sus mentes y corazones era inminente. Él regresaría en cualquier momento. No solo estaban preparados para su regreso, también eran consumidos por una expectativa desenfrenada mientras que con fervor y entusiasmo seguían «esperando y apresurándoos para la venida del día de Dios» (2 Pedro 3:12).

Una cosa es alistarse para alguien que viene de visita y otra diferente es anticipar con entusiasmo su llegada. Recuerdo que cuando era niño mi tía abuela venía a visitarnos. Pasábamos un día preparándonos para su llegada. Nos asegurábamos de que la casa estuviera limpia y ordenada. Íbamos de compras para que no faltaran los alimentos que ella disfrutaba. Pero realmente nunca esperé con entusiasmo sus visitas. Siempre tenía que comportarme de la mejor manera posible. Ella era bastante aburrida y, al escribir estas palabras, aún puedo oler la humedad de sus vestidos. Nos preparábamos para su llegada, es cierto, pero sin gran interés de mi parte.

Sin embargo, todo cambió durante mis años de universidad cuando Susie, ahora mi esposa, venía de visita desde Austin a Fort Worth para pasar los fines de semana en la casa de mis padres. Pasábamos un tiempo considerable preparándonos para recibirla. Pero las palabras son inútiles para describir las expectativas, la emoción que de mi parte precedía a esas visitas. Las agujas del reloj nunca se movían tan lento como cuando esperaba con ansias y entusiasmo su llegada.

La esperanza en lo profundo del corazón de los creyentes del Nuevo Testamento era similar a esta. Llevaba consigo no solo un sentido de la importancia de estar preparados para el regreso de Cristo, sino también una gran expectativa por ese momento. Vivían con un anhelo constante, aguardando la manifestación gloriosa de su «esperanza bienaventurada».

Al convertirse los días en meses, los meses en años, los años en décadas y las décadas en siglos, hoy los creyentes han perdido mucha de esa expectativa. Y pocos de los que no ven señales de su regreso, se dan cuenta de que son una señal en sí mismos. He presenciado varias de estas señales de la venida de Jesús con mis propios ojos. Una señal de la Biblia es estar atentos a *personas providenciales*, los judíos. Moisés profetizó que «Jehová os esparcirá [a los judíos] entre los pueblos», y que «ni aun entre estas naciones descansarás» (Deuteronomio 4:27; 28:65). Sin embargo, Ezequiel vio el día cuando Jehová dijo: «Yo os recogeré de todas las tierras, y os traeré a vuestro país» (Ezequiel 36:24). Vemos suceder este milagro en nuestro tiempo. También somos llamados a prestarle atención a un *lugar en particular*. Antes de que Cristo vuelva, la Biblia dice que la pequeña nación de Israel volverá a ser protagonista en el escenario mundial. Después de ser expulsados de su tierra durante siglos, Dios ha guardado su promesa de «[traer] del cautiverio a mi pueblo Israel» y serán plantados sobre su tierra (Amós 9:14). Mi propia generación ha visto el renacimiento del Estado de Israel justo después del Holocausto, cuando uno de cada tres judíos en el mundo eran aniquilados en las cámaras de gas de Hitler. Por primera vez en dos mil quinientos años, desde los días de Nabucodonosor y del cautiverio babilónico, los hijos de Israel gobiernan su propia nación desde la capital, Jerusalén.

> Antes de que Cristo vuelva, la Biblia dice que la pequeña nación de Israel volverá a ser protagonista en el escenario mundial.

Debemos también estar atentos al *púlpito corrompido*. Una de las señales de que nuestra «esperanza bienaventurada» está cerca es que «vendrá tiempo cuando no sufrirán la sana doctrina [...] y apartarán de la verdad el oído» (2 Timoteo 4:3-4). Vivimos en ese tiempo. Las denominaciones están muriendo, y en muchos púlpitos ya no se predica que Jesús es «el camino, y la verdad, y la vida» (Juan 14:6).

Estas son tres de las muchas señales de que la venida de Cristo es inminente. Dichas señales deberían causar en nosotros, como en nuestros antepasados cristianos, una expectativa con ansia y fervor por su regreso.

Todos necesitamos tener esperanza, y Jesús es la personificación de esa esperanza. Lo encontramos aquí en Tito. Él es nuestra «esperanza bienaventurada». Y un día regresará para recibirnos con él.

49 ENCONTRAR A JESÚS EN FILEMÓN

*Es nuestro amigo más unido
que un hermano*

*Porque quizá para esto se apartó de ti por algún tiempo, para que
lo recibieses para siempre; no ya como esclavo, sino como más
que esclavo, como hermano amado [...] Así que, si me tienes por
compañero, recíbele como a mí mismo. Y si en algo te dañó, o te
debe, ponlo a mi cuenta.*

—FILEMÓN V. 15-18

El rey Salomón dijo una vez: «amigo hay más unido
que un hermano» (Proverbios 18:24). Esta verdad es
revelada en la carta de Pablo a Filemón, donde vemos que
actúa como ese amigo «más unido que un hermano» para
con Onésimo. Filemón era un emprendedor adinerado de
la ciudad de Colosas. Pablo había pasado algún tiempo allí
para convertir a Filemón a la fe, y este comenzó una iglesia
en su propia casa. Onésimo tenía, en esencia, un contrato
con Filemón a quien le había robado y desaparecido de la
escena. Por las más extrañas de las coincidencias, Onésimo
viajó a Roma para gastar su dinero en la gran ciudad. Allí
fue arrestado y lo colocaron en una celda con Pablo, que
había sido encarcelado en Roma por predicar el evangelio.
Pablo lo guio a Cristo. Tras su liberación, Onésimo regresó

arrepentido para restituir a Filemón. Entonces, Pablo le escribió a Filemón desde su celda, afirmando su amor y compromiso hacia su nuevo convertido, y pidiéndole a Filemón que recibiera a Onésimo «ya no como esclavo, sino [...] como hermano amado».

Aunque Filemón y Onésimo compartieron el protagonismo en esta relación dramática, es Pablo quien interpreta la parte más importante detrás de escena. Él es el reconciliador. El amigo más unido que un hermano para estos dos hombres. Se interpone entre ellos —con Onésimo, la parte ofensora, por un lado, y Filemón, la parte ofendida, por el otro— y los une en reconciliación. Y así, uno con un corazón genuinamente arrepentido y el otro con un corazón receptivo, son unidos como hermanos.

La reconciliación solo puede suceder cuando ambas partes colaboran. La parte ofensora debe tener un corazón arrepentido, y la parte ofendida debe mostrar un corazón receptivo que esté vacío de cualquier resentimiento o deseo de venganza. Algunas relaciones nunca se restauran, no porque la parte ofensora no se haya arrepentido, sino porque la parte ofendida no puede superar la necesidad de venganza o represalia, no puede perdonar de una manera genuina, mucho menos olvidar y avanzar hacia la reconciliación. Sin embargo, esto *jamás* sucede con Cristo. Desde el momento en que nos acercamos a él con un arrepentimiento verdadero, como el padre del hijo pródigo, nos recibe con los brazos abiertos de perdón. No con puños apretados, no con brazos cruzados, solo con sus brazos abiertos… amplios, perdonadores y amorosos brazos extendidos.

Hay una verdad mucho más profunda en juego en el libro de Filemón que la de simplemente dos personas que se reconcilian entre sí. En un sentido muy real, todos somos Onésimo. *Nosotros* somos la parte ofensora. Dios nos creó para tener comunión con él, mas escogimos transitar nuestro propio camino y quitarlo de nuestras vidas. El Señor, al igual que Filemón, es la parte ofendida. Dios el Padre proveyó un paraíso perfecto para todos nosotros. Pero creímos que sabíamos más y que podíamos hacerlo mejor, así que nos rebelamos. En vez de deshacerse de nosotros, Dios quiso reconciliarse al darnos lo mejor que tenía para ofrecer: su propio Hijo. Pero incluso eso no fue suficiente para nosotros. Clavamos a su Hijo unigénito a una cruz de ejecución. Jesús invadió nuestro espacio, nuestro mundo. ¿Por qué? A fin de reconciliarnos con Dios el Padre.

> Jesús invadió nuestro espacio, nuestro mundo. ¿Por qué? A fin de reconciliarnos con Dios el Padre.

Una parte de nuestra relación con Jesús puede verse en nuestra responsabilidad para con él. Pablo ilustró esto en su carta a Filemón. En el párrafo final, no tan sutilmente, dijo: «Además de eso, Filemón, prepárame alojamiento, porque me tendrán otra vez con ustedes» (Filemón v. 22, parafraseado). ¿Acaso usted no puede imaginarse a Filemón apoyando la barbilla en las manos mientras lee la carta de Pablo? El mensaje de seguro llegó fuerte y claro. *Voy a regresar para*

saber cómo estás y ver cómo sigue tu relación con Onésimo.
Solo cuando aprendamos a ser responsables con otros y hacer
que otros sean responsables, entenderemos lo que significa
ser verdaderos hermanos en Cristo.

Jesús está aquí en Filemón… Él es el verdadero amigo
más unido que un hermano que continuamente nos alcanza
con su amor para reconciliarnos con el Padre.

50 ENCONTRAR A JESÚS EN HEBREOS

Es la palabra final

Dios, habiendo hablado muchas veces y de muchas maneras en otro tiempo a los padres por los profetas, en estos postreros días nos ha hablado por el Hijo, a quien constituyó heredero de todo, y por quien asimismo hizo el universo.

—HEBREOS 1:1-2

*S*iempre es reconfortante escuchar la última palabra con respecto a un hecho. Al escribir estas líneas, aún recuerdo la ansiedad de no saber si había entrado al equipo de fútbol, y el dulce alivio de ver mi nombre en la lista publicada en el tablero de anuncios de la escuela. Dicha lista era la palabra final del entrenador. Lo mismo puede decirse de cualquiera que haya intentado conseguir un papel en una obra o musical escolar. Siempre es bueno, después de haber atravesado por un largo proceso de presentación de solicitudes, oír las palabras finales y saber que conseguimos determinado empleo. Y recuerdo muy bien, después de mi lucha contra el cáncer hace diez años, oír las palabras finales de mi doctor que decían: «Ya no tienes cáncer». Las últimas palabras son memorables en los asuntos temporales de la vida y cuánto más en los espirituales. Encontramos a Jesús aquí en el libro de Hebreos. Él es la palabra final sobre todo.

El autor de Hebreos declaró que Dios había hablado en el pasado «muchas veces y de muchas maneras». Comenzando con Adán, Dios nos habló «muchas veces» a través de las Escrituras:

- A Adán, Dios le reveló que Cristo vendría a aplastar la cabeza de la serpiente.
- A Abraham, Dios le reveló que Cristo saldría de una nación que él daría a luz.
- A Jacob, Dios le reveló que Cristo vendría de la tribu de Judá.
- A Miqueas, Dios le reveló que Cristo nacería en Belén.
- A Zacarías, Dios le reveló que Cristo sería traicionado por treinta monedas de plata.
- A Isaías, Dios le reveló que Cristo sería traspasado por nuestras rebeliones.
- A David, Dios le reveló que Cristo sería crucificado, pero que resucitaría.

Dios habló no solo «muchas veces», sino también «de muchas maneras».

- En el monte Horeb, le habló a Moisés a través de una zarza ardiente.
- En el monte Sinaí, Dios habló a través de truenos y relámpagos.

- Al profeta Elías, Dios le habló a través de un silbo apacible y delicado.
- A Ezequiel, Dios le habló en visión.
- A Daniel, Dios le habló por medio de sueños.
- A Balaam, Dios le habló por medio de una asna.
- A Jacob, Dios le habló a través de un ángel.

En verdad, Dios nos habló en el pasado muchas veces y de muchas maneras. Pero en esta dispensación de la gracia en la cual vivimos, nos ha hablado «por el Hijo». Jesús es la última palabra. Punto final.

El Antiguo Testamento es un libro de sombras que representan imágenes progresivas de nuestro Redentor venidero.

> Jesús es la última palabra. Punto final.

El apóstol Pablo habló al respecto: «todo esto es una sombra de las cosas que están por venir» (Colosenses 2:17, NVI). Deben existir dos elementos para que una sombra ocurra: una luz y una imagen. Detrás de las palabras de la Escritura, hay una gran luz que brilla sobre la imagen de Cristo y proyecta su sombra a través de sus páginas. Como observamos en la introducción, la claridad de cualquier sombra depende del ángulo con el cual la luz incide en el cuerpo. Puedo pararme a la luz del sol temprano por la mañana cuando todavía está en ascenso, y mi sombra se verá completamente desproporcionada. Se estira a lo largo de la calle y sobre los edificios detrás de mí. No obstante, a medida que el sol sigue elevándose, mi sombra se vuelve más corta y más reveladora. A media mañana, cuando está en un ángulo de cuarenta y cinco grados, dicha sombra proyecta una figura perfecta de mi cuerpo. Si continúo parado en el lugar, y cuando el sol alcanza su cenit al mediodía, entonces ella desaparece y solo puede verse mi cuerpo.

Y así ocurre con la revelación de Cristo en la Biblia. Cuando el sol de la revelación comienza a brillar en los primeros capítulos de Génesis, la sombra es tenue y un poco borrosa. A medida que se desarrollan los capítulos y aparece más luz, Cristo se manifiesta con mayor claridad. Para cuando llegamos a Isaías, capítulo 53, se ve la sombra perfecta de aquel que sería «golpeado por Dios, y humillado [...] traspasado por nuestras rebeliones [...] molido por nuestras iniquidades [...] [y] como cordero [...] llevado al matadero» (vv. 4-5, 7, NVI). Cuando damos vuelta la página, de Malaquías 4.6 al Nuevo Testamento, en Mateo 1:1, es pleno mediodía en el reloj de Dios, las sombras desaparecen, ¡y vemos a Jesús! No hay más sombras de él. No hay más figuras. No hay más profecías. Solo Jesús, la palabra final sobre todas las cosas.

Sobre esta palabra final, el apóstol Juan expresó: «En el principio era el Verbo, y el Verbo era con Dios, y el *Verbo era Dios* [...] Y aquel Verbo fue hecho carne, y habitó entre nosotros (y vimos su gloria, gloria como del unigénito del Padre), lleno de gracia y de verdad» (Juan 1:1, 14, énfasis añadido). La encarnación es la demostración más generosa del amor divino que podemos encontrar en cualquier momento, en cualquier lugar. Dios nos envió sus últimas palabras, y su nombre es Jesús. Aquello que Jesús nos dijo en los Evangelios no necesita ninguna adición. Es definitivo. Tanto es así que el apóstol Juan concluyó Apocalipsis, el último libro de la Biblia, con una palabra de advertencia: «Yo testifico a todo aquel que oye las palabras de la profecía de este libro: Si alguno añadiere a estas cosas, Dios traerá sobre él las plagas que están escritas en este libro. Y si alguno quitare de las palabras del libro de esta profecía, Dios quitará su parte del libro de la vida» (22:18-19). Dios se toma en serio su última palabra.

Encontramos a Jesús aquí en Hebreos. Él es por siempre la palabra final de Dios para usted y para mí sobre cualquier asunto.

51

ENCONTRAR A JESÚS EN SANTIAGO

Es el Señor que sana al enfermo

¿Está alguno enfermo entre vosotros? Llame a los ancianos de la iglesia, y oren por él, ungiéndole con aceite en el nombre del Señor. Y la oración de fe salvará al enfermo, y el Señor lo levantará.

—SANTIAGO 5:14-15

Santiago, el medio hermano de Jesús y líder de la iglesia de Jerusalén, escribió esta carta para los nuevos creyentes que habían huido de Jerusalén en tiempos de gran persecución y estaban esparcidos por el mundo mediterráneo. Su llamado era para que estuvieran en contacto con un mundo herido. Hoy vivimos en medio de un mundo con esas características.

Quizás ningún otro ministerio de la iglesia del Nuevo Testamento haya visto tanta perversión como el ministerio de sanidad. Aunque muchos tienen corazones puros e intenciones dignas, con demasiada frecuencia algunos ministerios de sanidad han sido un vehículo para edificar sus propios reinos financieros al ofrecer falsas esperanzas de sanidad a todo aquel que se cruce en su camino. Aquí, en Santiago 5, encontramos la única directiva de nuestro Señor en toda la Escritura con respecto a orar por los enfermos.

Santiago comenzó con una pregunta inquisitiva: «¿Está alguno enfermo entre vosotros?». La palabra que se tradujo al español como *enfermo* en griego significa «sin fuerza» o «sentirse débil». Por lo general, asumimos que la enfermedad física es todo lo que se aborda cuando se trata de sanidad. No obstante, esta palabra está dirigida a aquellos que pueden estar enfermos en su espíritu y alma, así como en su cuerpo. Los destinatarios de la carta de Santiago habían sido obligados a huir de sus hogares y empleos. Tentados a rendirse, se sentían cada vez más cargados y débiles.

La propuesta de Santiago fue que estas personas llamaran a los ancianos de la iglesia: «y oren por [los enfermos], [ungiéndoles] con aceite en el nombre del Señor». En el idioma del Nuevo Testamento hay dos palabras griegas distintas que nosotros traducimos como *ungir*. Una se refiere a un ungimiento exterior, un «frotar con aceite», como podemos encontrar en la historia del buen samaritano que vendó las heridas de un extraño. El buen samaritano derramó «aceite y vino» sobre las heridas de este hombre para combatir la infección y aliviar el dolor (Lucas 10:34). La otra palabra griega tiene que ver con un ungimiento ceremonial utilizado en un sentido sagrado y simbólico. Este término se empleó cuando la Biblia registra que el Espíritu ha «ungido» a Jesús para predicar el evangelio (Lucas 4:18). Esta clase de ungimiento está estrechamente relacionada con lo que sucedió en la parábola del camino a Jericó. En otras palabras, use la mejor medicina conocida por el hombre. Apoye los esfuerzos de aquellos en la comunidad médica para traer sanidad y, al mismo tiempo, dele prioridad a la oración de fe. Santiago describió un cierto tipo de oración cuando uno yace enfermo. La llamó «la oración de fe». Más adelante en su carta expresó que cuando oremos, debemos creer, pidiendo «con fe, no dudando nada; porque el que duda es semejante a la onda del mar, que es arrastrada por el viento y echada de una parte a otra» (Santiago 1:6). La oración de fe siempre se ofrece en concordancia con la Palabra y la voluntad de Dios. Tal oración debe estar fundamentada en la Palabra de Dios, de lo contrario no es una oración de fe. Después de todo, en las palabras de Pablo: «La fe es por el oír, y el oír, por la palabra de Dios» (Romanos 10.17).

Por último, Santiago dejó bien clara la provisión: «¡Y el Señor lo levantará!». Encontramos a Jesús aquí en Santiago. Él es el Señor que sana al enfermo. La sanidad física es un misterio bien envuelto en lo secreto de la voluntad de Dios. Algunos dicen que todos pueden ser sanados. Sin embargo, Pablo mismo le pidió al Señor tres veces que quitara su «aguijón en [la] carne», solo para descubrir que Dios le dio la gracia para permanecer (2 Corintios 12:7, 9).

> La oración de fe siempre se ofrece en concordancia con la Palabra y la voluntad de Dios.

Toda sanidad es divina. La medicina en sí misma no sana. Los doctores solos no sanan. Las dietas solas no sanan. El ejercicio solo no sana. ¡Jesús sana! Uno de sus nombres en la Escritura es *Jehová Rafa*… el Dios que sana. Y podemos confiar en aquel que siempre quiere lo mejor para nosotros.

Quizás conozca a alguien que necesite de la mano sanadora del Señor. Recuerde, él es el Señor que nunca se adormecerá ni dormirá (Salmos 121:4). Él está despierto e informado. Es el mismo ayer, hoy y por los siglos. Llame a algunos amigos de oración. Apóyese en ellos y en sus oraciones, crea que nuestro gran Dios aún puede hacer que lo imposible sea posible y ríndase en las manos amorosas de Jesús y de su perfecta voluntad para su vida. Cuando lo haga, lo hallará… Él es aún el Señor que sana al enfermo.

52 ENCONTRAR A JESÚS EN PRIMERA Y SEGUNDA PEDRO

Es el Príncipe de los pastores

Apacentad la grey de Dios que está entre vosotros, cuidando de ella, no por fuerza, sino voluntariamente; no por ganancia deshonesta, sino con ánimo pronto; no como teniendo señorío sobre los que están a vuestro cuidado, sino siendo ejemplos de la grey. Y cuando aparezca el Príncipe de los pastores, vosotros recibiréis la corona incorruptible de gloria.

—1 PEDRO 5:2-4

*U*n poco más adelante, hemos visto a Jesús en Salmos como el pastor. Juan, en su evangelio, citó a Jesús cuando se llamó a sí mismo el «buen pastor» que «su vida da por las ovejas» (Juan 10:11). El autor de Hebreos finalizó su carta también refiriéndose a Jesús como «el gran pastor» con estas palabras: «Y el Dios de paz que resucitó de los muertos a nuestro Señor Jesucristo, el gran pastor de las ovejas, por la sangre del pacto eterno, os haga aptos en toda obra buena para que hagáis su voluntad, haciendo él en vosotros lo que es agradable delante de él por Jesucristo; al cual sea la gloria por los siglos de los siglos. Amén» (13:20-21). Pedro lo llevó a un nivel más alto al llamarlo el «Príncipe de los pastores», que a su regreso presentará a los fieles pastores colaboradores de su rebaño con «la corona incorruptible de gloria» (1 Pedro 5:4).

Jesús no es cualquier pastor; es nuestro buen pastor. Pero no solo es bueno, también es grande, nuestro «gran pastor». Y, como si eso no fuera lo suficientemente descriptivo, Pedro lo identificó como el «Príncipe de los pastores».

Simón Pedro fue un pastor para el rebaño del primer siglo, la iglesia de Dios. Se convirtió en el líder indiscutible de la iglesia de Jerusalén. Cuando Pablo salió de su aislamiento de tres años en Arabia luego de su conversión y comenzó a predicar a Cristo, fue primero a visitar a Pedro en Jerusalén para asegurarse de que sus enseñanzas estuvieran alineadas con las de la tradición apostólica. En la primera carta de Pablo, leemos: «Después, pasados tres años, subí a Jerusalén para ver a Pedro, y permanecí con él quince días» (Gálatas 1:18). Pedro fue el pastor más importante de la iglesia primitiva y, sin embargo, se refirió a Jesús como el «Príncipe de los pastores». Dios ha designado a un «Príncipe de los pastores» para cuidar su rebaño, y no soy yo ni usted, tampoco Pedro.

> Jesús no es cualquier pastor [...] Pedro lo identificó como el «Príncipe de los pastores».

Jesús es el Príncipe de los pastores. Aquellos que hoy reciben el llamado para ser pastores de su rebaño local son solo pastores colaboradores, y están bajo su autoridad y comando. Como el Príncipe de los pastores, es la responsabilidad de Jesús restaurar las relaciones quebrantadas. Es su responsabilidad salvar a nuestro país, y designar a líderes buenos y devotos cuando los merecemos. Es su responsabilidad primordial suplir nuestras necesidades. Como ministros, solo somos sus representantes, llamados a alimentar, guiar, proteger y proveer a sus ovejas.

El pastor que ha sido fiel tiene un galardón especial esperándole. Se llama la «corona del pastor». Esta recompensa está especialmente reservada para él, y Pedro habla de ella en su primera epístola: «Apacentad la grey de Dios [...] Y cuando aparezca el Príncipe de los pastores, vosotros recibiréis la corona incorruptible de gloria» (1 Pedro 5:2-4). En su aparición gloriosa, cuando Jesús regrese, distinguirá al pastor fiel, su pastor colaborador, de todos los demás al darle un reconocimiento y una recompensa inusual. Si usted es pastor y se encuentra leyendo estas palabras, solo piense en que el Príncipe de los pastores, el Señor mismo, lo mirará directo a los ojos y le dirá: «Bien, buen siervo y fiel» (Mateo 25:21). Entonces colocará sobre su cabeza la «corona incorruptible de gloria». Todos esos momentos de incomprensión y tergiversación, todas esas veces en que se ha sentido menospreciado y poco grato, palidecerán ante ese momento en aquel glorioso día. Todo valdrá la pena.

En el altar de nuestra boda, cuando Susie y yo nos arrodillamos en oración, una solista cantó suavemente la letra de un himno escrito por Dorothy Thrupp hace muchos años. Este ha sido nuestra oración constante a lo largo de las décadas de nuestro matrimonio. «Cristo cual pastor, oh guía nuestros pasos en tu amor; nuestras almas siempre cuida, guárdalas, oh Salvador [...] Tuyos somos, fiel amigo, sé tú nuestro defensor; da al rebaño tuyo abrigo [...] Cristo amante, Cristo amante, ¡hasta el fin nos amarás!».

Encontramos a Jesús en las cartas de Pedro. Él no solo es nuestro pastor, o nuestro buen pastor, ni siquiera nuestro gran pastor. Él es, y siempre será, el Príncipe de los pastores.

53 ENCONTRAR A JESÚS EN PRIMERA, SEGUNDA Y TERCERA JUAN

Es amor

Sin embargo, os escribo un mandamiento nuevo, que es verdadero en él y en vosotros, porque las tinieblas van pasando, y la luz verdadera ya alumbra. El que dice que está en la luz, y aborrece a su hermano, está todavía en tinieblas. El que ama a su hermano, permanece en la luz, y en él no hay tropiezo.

—1 JUAN 2:8-10

Juan fue el apóstol del amor. Cinco veces en su evangelio, cuando se refería a sí mismo, se identificó como «aquel discípulo a quien Jesús amaba». Como un hilo entretejido a través de sus tres breves cartas, las cuales comprenden solo siete capítulos cortos, se encuentra la palabra *amor*, que aparece más de veinte veces. Juan nos proveyó la mejor definición de nuestro Señor, y solo empleó tres palabras: «Dios es amor» (1 Juan 4:8). Sus cartas están llenas de perlas relacionadas con el amor de Cristo: «Mirad cuál amor nos ha dado el Padre, para que seamos llamados hijos de Dios» (1 Juan 3:1); «En esto consiste el amor: no en que nosotros hayamos amado a Dios, sino en que él nos amó a nosotros, y envió a su Hijo en propiciación por nuestros pecados» (1 Juan 4:10); «En el amor no hay temor, sino que el perfecto amor echa fuera el temor» (1 Juan 4:18); y el recordatorio necesario de que «nosotros le amamos a él, porque él nos amó primero» (1 Juan 4:19).

En 1 Juan 2:8, Juan habló de «un mandamiento nuevo». Se refería a las palabras de su evangelio, cuando citó a nuestro Señor en vísperas de la crucifixión: «Un mandamiento nuevo os doy: Que os améis unos a otros; como yo os he amado, que también os améis unos a otros» (Juan 13:34). Este «mandamiento nuevo» era para sustituir a todos los otros no solo en actitud sino también en acción. No es una mera sugerencia o una opción para el creyente. Es un mandamiento respaldado por la autoridad del Padre, del Hijo y del Espíritu Santo.

Antes de que Jesús nos diera ese mandamiento nuevo, lo mejor que podíamos hacer era vivir conforme al antiguo mandamiento. Este se encuentra en Levítico 19:18 y se citó anteriormente en los Evangelios cuando Jesús habló del gran mandamiento (Mateo 22:36-40). El antiguo mandamiento ordenaba: «Amarás a tu prójimo como a ti mismo». Pero este era un amor limitado, condicionado a ciertas cuestiones como el tiempo o la conducta, las circunstancias o la condición social, incluso al amor propio. También puede ser cambiante e inconstante.

Sin embargo, el verdadero amor ahora se expresa en un «mandamiento nuevo». Por treinta y tres años, Jesús nos dio una ilustración de cómo el verdadero amor debía demostrarse. En esencia, Jesús dijo: «Por más de tres décadas les he mostrado el verdadero amor. Estoy pronto a marcharme, pero antes de irme, les dejo un mandamiento nuevo. Ya no van a amarse unos a otros como a ustedes mismos, sino que desde ahora en adelante van a amarse *como yo os he amado*».

Este mandamiento nuevo nos invita a amar como Jesús amó: sin condición. Somos totalmente incapaces de amar de este modo por nosotros mismos. La única forma en que esta sea nuestra reacción natural es conocer de manera experiencial el amor de Cristo y tenerlo en nuestros corazones por medio de la fe. Una vez que recibamos su amor en nuestros corazones de manera incondicional, entonces podremos compartirlo con otros de la misma manera.

A fin de amar como Jesús amó, debemos amar a nuestro prójimo no solo de manera incondicional, sino también con un amor ilimitado, pues el amor de Jesús por nosotros no tiene límites. Nada «nos podrá separar del amor de Dios, que es en Cristo Jesús Señor nuestro» (Romanos 8:39). Este amor supremo es completamente desinteresado, de tal manera que se entregó a sí mismo para morir en una cruz. Y debemos también notar que su amor es inmutable. Como dijo el autor de Hebreos: «Jesucristo es el mismo ayer, y hoy, y por los siglos» (Hebreos 13:8). Según este mandamiento nuevo, no debemos amar a nuestro prójimo meramente como nos amamos a nosotros mismos; por el contrario, debemos amar como Jesús nos amó: sin condición, ni límites, de manera desinteresada e inmutable.

> Este mandamiento nuevo nos invita a amar como Jesús amó: sin condición.

¿Y qué dijo Juan acerca del resultado de vivir según este nivel superior de amor? Dijo que esta es la marca por la cual todos sabrán que somos seguidores de Cristo: «Si tuviereis amor los unos con los otros» (Juan 13:35). Tal vez, Juan lo expresó mejor en su primera carta cuando dijo: «Amados, amémonos unos a otros; porque el amor es de Dios. Todo aquel que ama, es nacido de Dios, y conoce a Dios. El que no ama, no ha conocido a Dios; porque Dios es amor» (1 Juan 4:7-8). Y en la misma carta, escribió: «Nosotros sabemos que hemos pasado de muerte a vida, en que amamos a los hermanos» (1 Juan 3:14).

El amor es el oxígeno del reino. Permita que Jesús lo ame. Entonces podrá amar a otros con su amor incondicional, porque «ahora permanecen la fe, la esperanza y el amor, estos tres; pero el mayor de ellos es el amor» (1 Corintios 13:13). Encontramos a Jesús aquí en las cartas de Juan, el apóstol «a quien Jesús amaba». Y no pudo haberlo expresado mejor cuando sencillamente definió a nuestro Señor en una palabra: ¡*amor*!

54 ENCONTRAR A JESÚS EN JUDAS

Es aquel que nos guarda sin caída

Y a aquel que es poderoso para guardaros sin caída, y presentaros sin mancha delante de su gloria con gran alegría, al único y sabio Dios, nuestro Salvador, sea gloria y majestad, imperio y potencia, ahora y por todos los siglos. Amén.

—JUDAS V. 24-25

*E*n la mayor parte de su carta, Judas habló en tercera persona y abordó los días oscuros de apostasía que vendrían para la iglesia. Pero al concluir su epístola, cambió a la segunda persona, como si quisiera acercarse a un nivel más personal con nosotros en sus pensamientos finales. Concluyó su mensaje con una nota de esperanza, cuyas palabras tenían por objeto asegurarnos que podemos lograrlo. Judas nos dirigió a Jesús, a «aquel que es poderoso para guardaros sin caída, y presentaros sin mancha» delante del trono del Padre. Encontramos a Jesús aquí en Judas, como aquel que nos guarda sin caída.

Judas comenzó su carta al recordarles a los lectores que Jesús «*es poderoso*» (énfasis añadido). Las hazañas de nuestro Señor no están confinadas a los tiempos pasados de los que leemos en la Escritura. Judas no dijo que Jesús *era* poderoso. Ni tampoco tratamos con un Dios impotente en el presente, pero que ofrece grandes esperanzas para el mañana si tan solo pudiéramos resistir. Judas tampoco dijo que *será poderoso*. En cambio, escribió: «A aquel que *es* poderoso». Ahora mismo. Dios fue poderoso en el pasado y será poderoso en el futuro. Pero la buena noticia es que Jesús también *es* poderoso para suplir cada una de nuestras necesidades, ahora mismo en el presente.

Judas enmarcó su carta con fuertes palabras acerca de nuestra seguridad eterna en Cristo. En el versículo de apertura, afirmó la seguridad eterna del creyente cuando dijo que no solo somos llamados y santificados por Dios el Padre, sino además «guardados en Jesucristo» (Judas v. 1). Y hacia el final, lo expresó así: «A aquel que es poderoso para guardaros sin caída». Judas quería que supiéramos que en Jesús estamos seguros en esta vida y también en la venidera.

Hoy vivimos en un mundo incierto. Piense al respecto. Es incierto desde el punto de vista político, económico, material, social, nacional, internacional y en cualquier otra dimensión imaginable. Sin embargo, en medio de toda esta incertidumbre, Dios quiere que sepamos que podemos estar seguros en esta vida. Él nos guarda de que no caigamos. Aquí Judas escogió sus palabras con cuidado. Insistió en que Jesús es poderoso para guardarnos «sin» caída. Dios es poderoso no solo para guardarnos de que no caigamos, sino mejor aún, es poderoso para evitar que tropecemos.

> En medio de toda esta incertidumbre, Dios quiere que sepamos que podemos estar seguros en esta vida.

Judas continuó sus afirmaciones al explicar que estamos seguros en esta vida y también en la venidera. Un día, Jesús nos presentará «sin mancha delante de su gloria con gran alegría» (Judas v. 24). Ninguno de nosotros hoy puede considerarse «sin mancha». Todos tenemos nuestros pecados secretos y defectos. Pero en aquel día que ha de venir, Jesús mismo nos presentará sin mancha delante del trono del Padre. La Biblia dice: «Amados, ahora somos hijos de Dios, y aún no se ha manifestado lo que hemos de ser; pero sabemos que cuando él se manifieste, seremos semejantes a él, porque le veremos tal como él es» (1 Juan 3:2). Este es un pensamiento maravilloso: «Seremos semejantes a él», sin mancha y sin contaminación. ¿Cómo puede ser posible? Cuando recibimos la salvación, somos justificados de inmediato a los ojos del Padre por medio de Cristo. La sangre de Jesús nos limpia de todo pecado. Al crecer en la gracia y el conocimiento de Cristo, somos progresivamente santificados por su gracia. Y, en ese glorioso y gran día sobre el que Judas escribió, seremos presentados sin mancha delante del trono.

Esa presentación delante del trono será «con gran alegría». Fue la expectativa de este gozo lo que ayudó a nuestro Señor a sufrir la cruz. Esa es la verdad de la declaración del autor de Hebreos cuando nos invitó a mirar a «Jesús, el autor y consumador de la fe, el cual por el gozo puesto delante de él sufrió la cruz, menospreciando el oprobio, y se sentó a la diestra del trono de Dios» (Hebreos 12:2). Este «gozo puesto delante de él» es el gozo que siente al presentarnos sin mancha delante del trono de su Padre. Cuando Judas dejó su pluma, todo lo que quedaba por decir era «Amén».

Encontramos a Jesús aquí en Judas. Él es aquel que nos guarda sin caída. Y de este modo nos unimos al «amén» de Judas en sus últimas palabras: «Al único y sabio Dios, nuestro Salvador, sea gloria y majestad, imperio y potencia, ahora y por todos los siglos. Amén» (Judas v. 25). Amén y amén.

ENCONTRAR A JESÚS EN APOCALIPSIS

Es el Alfa y la Omega

Yo soy el Alfa y la Omega, el principio y el fin, el primero y el último.
—APOCALIPSIS 22:13

*A*lfa es la primera letra del alfabeto griego y Omega es la última. Cuando Cristo se declaró a sí mismo como «el Alfa y la Omega», quería decir que él era el principio y el fin de todas las cosas. Siempre existió y siempre existirá. «Todas las cosas por él fueron hechas, y sin él nada de lo que ha sido hecho, fue hecho» (Juan 1:3). Jesús es el primero y el último. Es el «autor y consumador» de nuestra fe (Hebreos 12:2). Jesús está presente en el primer versículo de Génesis hasta el último versículo de Apocalipsis. Y, como hemos visto en los capítulos anteriores, podemos encontrarlo en cada uno de libro de la Biblia. En verdad, él es «el Alfa y la Omega, el principio y el fin, el primero y el último»… ¡de todas las cosas!

Jesús es prominente no solo en Génesis 1:1, sino que también tiene la última palabra en Apocalipsis 22:20. Siempre resultan intrigantes las últimas palabras de los hombres y mujeres. Aquí, en la última página de la Biblia, encontramos la última promesa proveniente de las palabras finales de nuestro Señor: «Ciertamente vengo en breve». Desde el momento en que estas palabras salieron de sus labios, cada generación ha estado «aguardando la esperanza bienaventurada y [su] manifestación gloriosa» (Tito 2:13). Hay miles de promesas en la Biblia, pero esta última que aparece en Apocalipsis 22:20 —aún por cumplirse— marca la culminación de toda la historia de la humanidad.

> En la última página de la Biblia, encontramos la última promesa proveniente de las palabras finales de nuestro Señor: «Ciertamente vengo en breve».

La Biblia habla de tres venidas importantes. En primer lugar, la venida de Cristo, nacido de una virgen en la pequeña aldea desconocida de Belén. Él vino y «habitó entre nosotros» (Juan 1:14). Durante treinta y tres años, Jesús nos mostró el verdadero amor encarnado en un cuerpo humano. Sin embargo, muchos no le reconocieron. Creyeron, en el mejor de los casos, que era solo «alguno de los profetas» (Mateo 16:14).

La segunda venida importante que se predijo en la Biblia es la venida del Espíritu Santo, como fue profetizada en Joel. Esta venida tuvo lugar en el día de Pentecostés, cuando el Espíritu Santo vino a habitar en el corazón de los creyentes, para nunca abandonarnos, empoderándonos para servirle. En la antigua dispensación, el Espíritu Santo descendía sobre las personas, pero cuando eran infieles, se apartaba. Uno de los versículos más tristes de las Escrituras es cuando la Biblia registra que el Espíritu Santo «se había apartado» de Sansón (Jueces 16:20). El rey David, en su oración de arrepentimiento le rogó al Padre: «No quites de mí tu santo Espíritu» (Salmos

51:11). Pero hoy en día, en esta dispensación de la gracia, ningún cristiano necesita hacer esa oración. Cuando recibimos a Cristo, el Espíritu Santo viene a morar en nosotros y promete que nunca nos dejará.

La única venida importante que aún no se ha cumplido es el regreso prometido, la segunda venida de Cristo. Así como vino la primera vez, regresará: «Ciertamente vengo en breve».

En la última página de la Biblia, encontramos registrada no solo la última promesa, sino también la última oración. Después de oír esta promesa maravillosa de los labios de su Salvador, Juan irrumpió en oración: «Amén; sí, ven, Señor Jesús» (Apocalipsis 22:20). Solo cinco palabras, pero tan poderosas en su intensidad. En su oración, Juan anticipó este gran acontecimiento, el regreso del Señor, el cual marcará el comienzo de un milenio de paz sobre la tierra, al que le seguirá el esplendor de las eras eternas con él en los cielos, donde «enjugará Dios toda lágrima de los ojos de ellos; y ya no habrá muerte, ni habrá más llanto, ni clamor, ni dolor; porque las primeras cosas pasaron» (Apocalipsis 21:4). Después de esta increíble promesa, Jesús le dijo a Juan: «Hecho está. Yo soy el Alfa y la Omega, el principio y el fin. Al que tuviere sed, yo le daré gratuitamente de la fuente del agua de la vida» (v. 6). Con razón el primer impulso de Juan fue orar: «Amén; sí» —tal como lo has prometido—, «ven, Señor Jesús».

Llegamos al final de *La clave de la Biblia* con el recordatorio de que el Señor Jesús es el primero y el último de todas las cosas. Es el autor y consumador de nuestra fe. Es el principio y el fin. Es nuestro *todo*. Lo encontramos aquí en Apocalipsis… Es el Alfa y la Omega. Y para terminar, quienquiera que seamos y dondequiera que estemos, nos unimos a Juan en su oración: «Amén; sí, ven, Señor Jesús. La gracia de nuestro Señor Jesucristo sea con todos vosotros. Amén» (Apocalipsis 22:20-21).

EPÍLOGO

*E*n nuestro viaje a través de la Biblia, hemos encontrado a Jesús en cada uno de sus libros. Está presente desde Génesis 1:1 hasta Apocalipsis 22:21. La Biblia es el libro de Jesús. Durante su pasaje temporal por la tierra, Jesús desafió a sus seguidores, y a nosotros: «Escudriñad las Escrituras; porque a vosotros os parece que en ellas tenéis la vida eterna; y ellas son las que dan testimonio de mí» (Juan 5:39). Así lo hemos visto en *La clave de la Biblia* y hemos encontrado que las Escrituras, en verdad, dan testimonio de él.

Hay una cuerda escarlata de redención que atraviesa cada libro de la Biblia hasta culminar en un monte a las afueras de las murallas de la ciudad de Jerusalén. Allí, Jesús tomó nuestros pecados para que pudiéramos tomar su justicia. Allí, Jesús sufrió nuestra muerte, para que pudiéramos gozar su vida.

Tal vez, durante la lectura de estas páginas, el Espíritu de Dios lo haya guiado a poner su fe y confianza en Cristo para recibir el perdón de su pecado y así poder recibir el don de la vida eterna. El cielo es el regalo gratuito de Dios para usted; no puede ganarse ni merecerse. Todos somos pecadores y hemos sido destituidos de la gloria de Dios para nuestras vidas. Es cierto, Dios es un Dios de amor, pero también es un Dios de justicia y, por lo tanto, debe castigar el pecado. Entonces es cuando el Señor Jesús hace su aparición. Él es el Dios santo hecho hombre que vino para cargar nuestros pecados sobre su propio cuerpo y morir en la cruz como castigo por esos pecados. Sin embargo, el simple conocimiento de este hecho no es suficiente. Usted debe transferir la confianza que tiene en sí mismo y en su propio esfuerzo humano a Cristo, y depositar su fe en él y solo en él.

Jesús dijo: «He aquí, yo estoy a la puerta y llamo; si alguno oye mi voz y abre la puerta, entraré a él» (Apocalipsis 3:20). Si quiere recibir este don gratuito de la vida eterna, invoque el nombre de Jesús ahora mismo, en este preciso momento. Él ha prometido que «todo aquel que invocare el nombre del Señor, será salvo» (Romanos 10:13). Le sugiero la siguiente oración para que usted la haga desde lo más profundo de su corazón:

Querido Señor Jesús:
Reconozco que he pecado y sé que no merezco la
vida eterna. Por favor, perdóname por mis pecados
y gracias por llevarlos sobre tu propio cuerpo y por
morir en la cruz en mi lugar. Confío en que tú eres el
único que puede salvarme de la separación eterna de
un Dios santo. Ven a morar en mi vida ahora mismo.
Acepto tu generoso ofrecimiento de perdón, vida
abundante y vida eterna. Gracias, Señor, por entrar
en mi corazón como mi Salvador y Señor.

Una simple oración no puede salvarlo; pero Jesús puede y lo hará. Si esta oración expresa el deseo de su corazón, puede reclamar la promesa que Jesús hizo para los que creen en él: «De cierto, de cierto os digo: El que cree en mí, tiene vida eterna» (Juan 6:47).

Ahora puede unirse a los millones de seguidores de Cristo y responder la pregunta de Pilato: «¿Qué, pues, haré de Jesús, llamado el Cristo?» (Mateo 27:22) afirmando con confianza: «Creo que Jesús es el único Salvador y pongo mi confianza en él hoy y por la eternidad».

MISSION:DIGNITY

*T*odas las regalías del autor y las ganancias derivadas de *La clave de la Biblia* son destinadas a apoyar a Mission: Dignity, un ministerio que permite a miles de ministros jubilados (y, en la mayoría de los casos, sus viudas) que viven por debajo de la línea de pobreza, vivir sus días con dignidad y seguridad. Muchos de ellos ejercieron su ministerio pastoral en iglesias pequeñas, las cuales fueron incapaces de proveer de manera adecuada para su jubilación. Asimismo, vivían en casas pertenecientes a la iglesia y, a raíz de su retiro vocacional, también tuvieron que mudarse. Mission:Dignity es una forma tangible de hacerles saber a estos siervos buenos y devotos que no son olvidados y que se les cuidará en sus últimos años de vida.

Todos los gastos de este ministerio se pagan con un fondo que se recauda para tal fin, de modo que todo aquel que ofrende para Mission:Dignity puede tener la seguridad de que cada centavo de sus donaciones va para uno de esos santos valiosos en necesidad.

Para obtener mayor información con respecto a este ministerio, visite www.missiondignity.org y haga clic en el ícono Mission:Dignity, o comuníquese al número telefónico 1-877-888-9409.

ACERCA DEL AUTOR

*D*urante más de veinte años, O. S. Hawkins sirvió como pastor en la primera Iglesia Bautista en Fort Lauderdale, Florida, y en Dallas, Texas. Es el presidente de GuideStone Financial Resources, que brinda prestaciones de jubilación y servicios a 250.000 pastores, personal de la iglesia, misioneros, doctores y otros trabajadores de varias organizaciones cristianas. Es autor de más de cuarenta libros de los cuales ha vendido más de un millón de ejemplares, entre ellos *El código Josué* y *The Jesus Code* [El código Jesús], y predica regularmente en conferencias, actividades de evangelización y en iglesias de todo el país.

TRANSFORME LOS CORAZONES DE SU CONGREGACIÓN CON LA PALABRA DE DIOS

LA CLAVE DE JOSUÉ

La clave de Josué presenta cincuenta y dos versículos esenciales que tratan de los desafíos con los que cada uno se encuentra incluyendo: La tentación, entender la salvación, la oración, gracia, visión, integridad y más. Es perfecto para un programa de predicación de un año, una guía devocional personal, o un regalo para presentar a amigos y familia a la fe cristiana.

ISBN: 9780829746044

El cien por ciento de las regalías del autor y las utilidades van directamente a Mission:Dignity, un ministerio que apoya a pastores y misioneros retirados que lo necesitan.

GRUPO NELSON
Desde 1798

NASHVILLE · MÉXICO D.F. · RÍO DE JANEIRO